吃飯睡覺、工作閱讀，都是修禪

安泰寺住持 奈爾克・無方 著

蔡易伶 譯

目次

前言——只管活著

生活本身即修行

在禪的觀念裡，生活本身就是修行。換言之，實踐禪的方式，就只是活著而已。一天二十四小時，沒有一刻不是修行的時間。

在我擔任住持的安樂寺，大家清晨三點四十五分起床，四點開始進行曉天坐禪。不過，從坐禪前的盥洗和疊被，修行就已經開始了。坐禪結束後的用膳、掃除、白天的勞動等等，這些當然都是修行。如廁、沐浴同樣也被視為修行的一部分。

諸如此類的修行非得在禪寺才能進行嗎？當然不是。就算在一般社會中過著普通的生活，也可以把一天當作修行來度過。

這裡我們要先思考「修行」一詞的內涵。英文中將修行譯為 practice，也就是「實踐」的意思。

實踐什麼呢？實踐佛的教誨。遵循佛法指示，發菩提心成菩薩而活，這便是修行。這本書的目的便是介紹具體的修行方法，供讀者在每天的日常生活中實踐。

我三番兩次重複的關鍵詞之一是「放下自己」。「放下」並非「放空」，而是將自己從囚禁自身的事物中釋放，獲得自由，好讓自己回到「當下」。

要把一天的時間當作修行度過，首先最重要的是不期待回報。

人生在世，我們總是在追求什麼而活，譬如財富、他人的評價、異性的青睞或自我實現，又或者有人為了「得悟」而修行。說起來，這些不過是垂掛在眼前的紅蘿蔔而已。修行不是為了獲得什麼而做的事。

安泰寺第五代住持澤木興道老師（一八八〇～一九六五年）之所以說「得即為迷，失即為悟」，正是出於同樣的道理。你一心想著要得悟，悟便離你遠去。包含對悟的追求在內，必須放下一切，修行才能開始。

你或許會問：怎麼做才能放下呢？

答案很簡單：「做就對了。」打掃的時候打掃，工作的時候工作；吃飯時就吃飯，上廁所時就上廁所，這樣就可以了。只不過，這裡的「做就對了」絕非「漫不經心地做」，而是專注現在，活在當下。

老實說，沒有比「只管活著」更困難的事了，因為我們總是會不由自主追求意義、尋找答案。

人生根本沒有什麼「意義」！

在安泰寺，進入打坐的禪堂時必須左腳先進，離開禪堂時則是右腳先出，這是從以前就有的規定。

「這麼做有什麼特別的原因嗎？反過來難道不行嗎？」

身為住持，我被不少來參禪的人如此問道。安泰寺有很多來參禪的外國人，尤其是像我這樣愛講道理的德國人，不管什麼事都會先問意義何在，在腦袋中消化、理解並認同之後才會付諸行動。

「左邊是陰，右邊是陽，而室內屬陰，室外屬陽，所以進入室內時左腳先進，來到室外時右腳先出……或許是因為這樣吧。」

話雖如此，就算知道陰陽哲學，還是無法解釋這麼做的意義何在。如果只是要坐禪，就算右腳進左腳出，或是頭上腳下，倒立進出，一樣還是可以坐禪。

對參禪者來說，重要的不是用哪隻腳進出的意義，而是此時此刻在這個空間裡往前踏出一步時自己的心。換言之，「如果不實際邁出腳步走走看，什麼都不會知道。」即便如此，還是有人一味拘泥於道理、意義，無法集中精神在腳下的每一步。

這不只是在禪寺才會發生的事，類似場景在大街小巷中隨處可見：有人邊走邊想著昨天發生的事，也有人一邊在腦袋中計畫明天的事，還有人邊走邊看手機。換言之，走路時心思都被走路以外的事情給占據了。

不只是在街上，日常生活中各種場合都可以看到這樣的自己：無法集中精神在該做的事情上，腦袋裡老想著別的事情。回過神來會發現，生活中居然有這麼多時刻，我們的心思都被其他事情占據了。

這樣的我們有一個共通點：沒有把「當下」當成一回事。左、右、左、右……如果不能用心走腳下的每一步，人類終究會失去自己的立足地。

現在回想起來，以前的我也是如此。

「人生的意義何在？」

腦中突然浮現這個問題時，我還只是個小學生。那時的我認為，如果不知道人生的意義，活著也沒用。現在回頭看當時的自己，就好像生活在暗無天日的洞穴一樣。

將我從洞穴裡拯救出來的，是與禪的相遇。針對這個問題，禪是怎麼回答的呢？簡單說便是如此：

「人生哪有什麼意義。放下自己的想法，只管活著就是了。」

「真實」就像高掛空中的月亮

禪宗強調「不立文字」，極度厭惡道理、理論。

不過這並不代表不需要研讀佛教典籍。另外，禪僧也不是像大家想的那樣總是沉默寡言。「不是這樣，不是那樣」像這樣老是強詞奪理的禪僧不只我一人。

道理雖然無法用來表示真實，卻可以指向真實，在禪的概念裡稱為「指月之法」。真實本身有如高掛空中的月亮，語言文字不過是指向月亮的手指罷了；可是如果沒有用手指指向月亮，有些人就不會注意到月亮的存在。

這也是為什麼在禪寺裡，同樣需要藉由語言文字的力量來學習佛法。

安泰寺每五天會舉辦一次「輪講」。輪講是一種修行方式，由參禪者輪流進行。每次會有一名參禪者負責閱讀佛典，並將讀到的內容與自己的生活互相對照，再提出自己的解釋。一起修行的夥伴則針對該解釋毫不留情提出質疑，或闡述不同的看法。我也參加過輪講。弟子們在師父的監督下你來我往，拚命爭高下。

安泰寺有不少外國來的參禪者，因此用原文朗誦佛典後，我會先將內容翻譯成英文。漢文或鎌倉時代的古日文譯成英文後，就連日本人有時也會從中發現新的意義。接著我用現代日文和英文說明佛典內容，所有人一起討論。這個時候也會聽到各種語言的討論聲此起彼落，好不熱鬧。

雖然這麼說有以偏概全之嫌，不過我的日本人弟子似乎多是謹慎穩重的人。

我如果問：「這段內容，你自己是怎麼讀的呢？」日本人經常會回答：「您問我怎麼讀的，嗯，上面怎麼寫我就怎麼讀……」

也就是說，這種閱讀方法沒有自己的意見和詮釋。這是不行的。

另一方面，歐美人則經常將原文晾在一旁，從自己的角度任意詮釋。這種閱讀方式固然也有其有趣之處，不過最後幾乎都淪為幼稚而偏狹的自我主張，不了了之。用這種方式閱讀是無法從佛典中學到東西的。

我將日本人常見的學習方式稱為「番茄型學習法」。

番茄需要堅固的支架支撐才會成長，也因為容易感染「果頂腐爛病」，必須特別注意提供適度的水分。接著要「抹芽」，也就是盡早摘除多餘的旁枝，不然枝葉會不斷生長，重要的果實卻長不出來。最後終於順利結果，長成美味的番茄，但從栽種到結果卻費了好一番功夫。如果這時來了一陣大風吹垮支架，上面的番茄也會應聲倒下，爛成一片。

與番茄的栽種方式全然不同的是小黃瓜。

在安泰寺的菜園裡，小黃瓜瓜苗上面僅垂掛了一條麻繩，如此一來瓜藤碰到麻繩後便會自動向上伸展，既不用擔心水澆太多，也不需要抹芽。小黃瓜和番茄同為夏天的蔬果，但小黃瓜會自行結成果實。因此我常這麼對弟子說：

「你們要像小黃瓜一樣活力滿滿，健康成長。」

瓜藤所攀附的麻繩換言之就是佛法，也是師父的教導。佛法知識不是由身為師父的我「填塞」給弟子，而是希望弟子能夠自己伸手「舀取」。

這麼說來，難道歐美人的學習方式就是小黃瓜型嗎？可惜並非如此。包含我在內，大部分歐美人都是「南瓜型學習法」：明明有條麻繩卻視而不見，逕自往兩邊生長，愈長愈大，甚至妨礙到其他蔬果的生長，讓人相當困擾！

參加輪講時，有時聽到一些人的發言完全曲解原文，我會這麼跟對方說：

「不要玩文字遊戲。你把自己的手指和高掛天上的月亮搞混了。」

另一方面，對那些依字面理解原文，試圖直接套用在生活上而不加思索的人，我則會這麼說：

「那些文字是如何戳到你的痛處？我不要聽場面話，我要聽的是你真實的想法。」

這是我對每一個弟子的要求。如果不這麼做，輪講到最後只會淪為「他人之事」，與自己毫無關係。

剛才也提過了，在禪的觀念裡，生活本身即為修行。倘此，也必須把讀書視為修行的一環。我希望各位不要迷失自己，以這樣的方式閱讀本書。

閱讀的態度至關重要。如果不能消化禪的文字，反映在日常生活中，那麼閱讀不過是浪費時間而已。「不立文字」指的就是這個意思。如果只是把書讀完而不加思索、實踐，就算看得到手指，也看不到月亮。如此一來，佛教就成了一場空。

只有你可以活出自己的人生

假如可以回到過去，和苦惱的自己對話，我或許會這麼告訴自己：

「只有你可以活出自己的人生。該朝向什麼目標、該如何活在當下。遇到困難要想辦法克服。學習面對他人，因為你終將面對死亡。種種這些問題都要靠你一個人解決，沒有人能代替你解決這些問題。」

活出自己的人生，說起來就好比攀登一座山。

從遠方眺望那座山時，總有一天會抵達的山頂或許還隱身雲霧中。又或者，自己在心中描繪的山頂彷彿唾手可得般，在晴空下清晰可見。然而一旦穿上登山靴、進入山裡後，走著走著卻沒路了；或迷失於暗黑的森林，或遭遇湍急的河流；本該筆直前進的道路突然在意想不到的地方中斷，不知道接下來何去何從；沒多久開始颳風下雨，谷底傳來野獸的吠叫聲……

我可不是在描述仙人的山居生活。生活在二十一世紀的社會基本上就跟生存遊戲沒兩樣。

這種時候，佛教這張「地圖」便可派上用場。換言之，這本書裡的文字就是地圖上的指示，而不是你腳下那座山。腳下那座山，是你的人生。

難就難在如何將手上的地圖和圖上的指示與自己的生活互相對照，規範自己的行為。為了做到這一點，在禪的世界裡，從以前就不斷提及要做到「聞思修證」這四點。

「聞」就是找到正確的師父，從其教導。用剛才登山的譬喻來說，就是不要盲目往山裡去，要先準備一份正確的地圖。

地圖雖然到手了，上面的資訊還是得靠自己解讀：先確認東西南北，接下來是比例尺。如果不知道地圖的比例尺，便無法測得這座山與那條河之間的距離。印在地圖各處的圖示各代表什麼意思，也只能靠自己判讀；更別提自己的所在地有多重要了，如果連所處的位置都不清楚，地圖再詳盡也無用武之地。確認地圖資訊就是「思」的步驟。從師父那邊聽聞的內容，要自己動腦思考。

不過，光思考是不行的，接下來必須親身實踐。已經清楚自己的位置，也知道要往哪個方向前進，接著就得穿上登山靴，啟程出發。這就是「修」。一路上不斷翻查地圖，也經歷了好幾次迷路，最後終於抵達自己的目的地，這就是「證」。地圖、對地圖的詮釋以及自我實踐皆正確無誤的證明。「聞思修證」缺一不可。禪的修行不是只有閱讀典籍，思考所讀的東西並親身實踐，一直到最後的實證等都是修行的一部分。換言之，活著本身就是修行。

話雖如此，突然跟你說「只管活著就是了」——也就是閱讀、思考、實踐、實證，確實你會不知該從何著手吧。不瞞你說，剛接觸禪的時候我也有相同的困擾。既然如此，何不從「閱讀」這項「修行」開始呢？

願本書成為屬於你的「聞思修證」開始的契機。

本書內容出自朝日新聞出版所發行之《週刊朝日百科認識佛教〔改訂版〕》中的連載〈德國人住持教你「禪之道」〉，並經增刪、修改、增補而成書。

修行之1——丟掉「我」，把「你」放在心上

挨拶

心中想著對方，真心誠意向遇到的每一個人說聲「你好」。一句再簡單不過的問候，卻能讓我們的心變得更柔軟。如何做到「丟掉『我』，把『你』放在心上」，第一步就從問候開始。

只要能夠確實做到**「挨拶（問候他人）」**，就能精通禪的道理。

日文「挨拶」其實是禪的用語，意指「師父和弟子互相確認彼此所達境界」。「挨」是「迫近」，「拶」是「質問」，原本說成「一挨一拶」，用來表示「激烈問答」之意。

可是，「挨拶」不只是堅持己見、互不相讓而已。**日本人日常生活的「挨拶」之中，也體現了禪之心**。

有個名叫瑪麗的年輕女子從英國來安泰寺參禪。前陣子，身為住持的我和她有了以下的「挨拶」。

「佛教中也有所謂『慈悲』（loving-kindness）的說法，不過我在安泰寺完全感受不到。禪僧如何實踐愛呢？」

針對這個提問，我以曹洞宗始祖道元禪師（一二〇〇～一二五三年）所教導的「菩提薩埵四攝法」回答她。

「具體來說有四個方法：布施、愛語、利他、同事。第一個『布施』用英文來說就是donation（捐贈），不過意思又有些不同。布施並不是『我給你什麼』、『你給我東西』之類的關係。說起來，捨棄『我的東西』、『你的東西』的思考方式才是『布施』的意思。在安泰寺沒有所謂『我的時間』或『我的空間』對吧？時間與空間、勞動與食物，甚至連自身都是共有的，這就是愛的根本。」

「原來如此。所以在安泰寺『不用付住宿費』也是因為這樣吧。」

「對。我們不收住宿費，反之也不會提供零用金。不過這並不表示『不需要布施』，因為在這裡度過的每分每秒，全部都是『布施』。」

如何讓這個世界從地獄變成天堂

「不過，那是因為安泰寺才做得到，一般社會中沒辦法吧？」

「確實有點難度，也因為如此，我想要守護像安泰寺這樣的地方。江戶時代有個很有名的和尚叫做良寬，一則和他有關的軼事是這樣說的：一天夜裡，小偷潛入良寬所住的五合庵。睡在簡陋鋪被上的良寬注意到了，不過他仔細一想，屋裡沒什麼值錢的東西好偷。這麼一來小偷實在太可憐了，於是他假裝翻身滾出鋪被，讓小偷順利偷走鋪被。」

「不是因為他太害怕才刻意翻身？再說，直接把鋪被送給小偷不是更有說服力？」

「我覺得不是這樣。確實，如果良寬是基督徒，他或許會說『請把這床鋪被當成神給你的禮物』，然後把被子遞給小偷。不過他是佛教徒，不會這麼矯情。對良寬來說，既沒有『施』也沒有『受』。遭竊之後，他曾留下這樣的俳句：『盜人去，留下一輪窗前月』——這才是良寬的『布施』。」

「原來如此。語言文字也是布施。」

「沒錯，這就是道元禪師提到的第二個方法『愛語』。愛語不是要大家只說好聽話，成天把『my dear』、『honey』、『sweetheart』掛在嘴邊。日本人經常互相『挨拶』（問候）對吧。『挨拶』本來指的是師父和弟子間的問答，不過其實並沒有那麼困難。『早』、『你好』、『還好嗎？』、『謝謝』、『託您的福』、『我回來了』、『你回來啦』、『我要開動了』、『謝謝款待』、『感謝照顧』、『晚安』，這樣就可以了，這就是愛語。」

「所以在安泰寺大家才會一直把『辛苦了』、『您辛苦了』掛在嘴邊，這下我終於知道為什麼了。」

「當然，如果只是嘴巴上說說，心裡不這麼想就沒意義了。簡單來說，就是**要站在對方的立場，思考對方需要什麼**。不論是大家一起勞動，或是典座（禪寺裡負責烹飪食物的人）在廚房裡煮飯時，都必須時時記住第三個方法『利他』。最後第四個方法『同事』，指的是實際感受到人我同樣都是有生命的個體。」

「為了讓世界更美好，基督教團體發起了各種義工活動。感覺佛教團體在這方面沒有那麼積極？」

「佛教確實不那麼熱衷於社會活動，不過，改變世界之前，不是應該先改變自己嗎？」

「從自己開始啊……」

「和尚經常講一個故事給孩子聽，我就以這故事作結吧。偌大的餐桌上擺滿可口佳餚，不過，圍繞餐桌而坐的人都拿著一公尺長的筷子，根本無法將食物送進口中。如果這時大家焦急不耐，開始用筷子互相攻擊，這個世界就會變成地獄。其實只要稍微換個角度想問題就解決了：雖然無法將食物送入自己口中，卻可以把菜餚挾給對面的人。留意到這一點，就可以互相合作，把食物送進對方嘴裡。如此一來，世界就會從地獄變成天堂。」

環顧我們所處的社會，到處可見因為一點小事心生不滿、互相攻擊的人。改變世界之前，希望自己能夠先成為一個總是用心「問候他人」之人。

修行之2
對深信不疑的「正確之事」保持懷疑

大丈夫

大丈夫顧名思義即真正的大人，也就是懂得反省自己、寬厚待人並對社會懷抱責任感的人。我們絕不能忘記，自己不過是個「平凡人」。沒有這般自覺的人充其量不過是個「小孩」，稱不上「大人」。

如同前述的「挨拶」，許多日常生活使用的詞彙其實原為佛教用語，日文的「大丈夫」也是其中一例。「大丈夫」原指「氣量恢弘之人」，也被用來當成佛的別稱。此外，指稱實踐佛教教義之人時，也會用「大丈夫」這個詞彙。

「大丈夫，秉慧劍，般若鋒兮金剛焰。非但空摧外道心，早曾落卻天魔膽。」

這段文字出自禪宗經典《證道歌》。持智慧劍粉碎外道心，天魔聞風嚇破膽……具有如此驚人力量的人稱為「大丈夫」。

類似的詞彙還有「大人」。這個詞其實也是佛教用語。在現在的日本只要過了二十歲人人都是「大人」，但這些「大人」真的都符合佛教所說的「大人」嗎？似乎不是這麼一回事。

「諸佛是大人也。」

道元禪師所著之《正法眼藏》中〈八大人覺〉一卷以這句話展開。大人和大丈夫指的是覺醒之人，和佛是同樣的意思。此處的佛並非僅限於釋迦牟尼佛。**只要覺醒了，我們每一個人都是佛，都是「大丈夫」**。

「咦？平凡如我也可以是佛？」

沒錯。佛教所說的「大丈夫」指的是「覺醒之凡人」，凡夫俗子如你我皆可成佛。

只不過，比起成佛這個目標，我認為更重要的是出發點，也就是「不忘自己是平凡人」。**所謂的覺醒，也就是意識到自己不過是一介凡夫**。平凡人的自覺也可說是成佛的第一步。寫到這裡，我想起了聖德太子有名的《十七條憲法》中的一段話：

「彼是則我非，我是則彼非。我必非聖，彼必非愚。共是凡夫耳。（中略）我獨雖得，從眾同舉。」

（他人認為正確的事，我說是錯的；我認為正確的事，他人說有誤。我不見得聰明，他人也不一定愚鈍。我們都只是平凡人。〈中略〉就算認為只有自己是對的，也應該保持沉默，跟隨大家，採取相同的行動。）

意識到彼此都是平凡人

不管在哪個社會，免不了出現爭執。這種時候任誰都會覺得自己是對的，錯在對方，不認為自己錯怪了對方。

這並非一般社會才會發生的事。宗教信仰愈強烈的人，愈容易拘泥於「善惡」與「正邪」之分，因此不同的宗教互相對立，就算同一個宗教也可能產生分裂，出現爭執。

尤其現在猶太教、基督教、回教三大一神教的對立特別受到關注，手持智慧劍的「大丈夫」如果稍不留意，一個不小心可能會演變成十字軍東征的佛教版。為避免事態演變至此，我們必須經常意識到彼此都只是平凡人。

而聖德太子力倡「從眾同舉」，這又是什麼意思呢？

雖然說以「和」為貴，但聚集了再多的平凡人，形成的「眾」不過就是「一群相處融洽的平凡人」。這一群「眾」何時會往什麼方向暴走沒有人知道，因此也有可能發展為極危險的思想。

為避免這種情況發生，我們每一個人都必須成長為「大丈夫」，成長為真正的大人，不能僅止於「以和為貴的平凡人」。

那麼，何謂真正的大人？

我認為道元禪師這首和歌給了很好的提示。

「愚者如我未成佛，願成度化眾生僧。」

嚴格自省，寬厚待人，並對一切事物懷抱強烈的責任感，具備這些特質的人才是「大丈夫」。反過來說，如果無法培育出這樣的大人，整個社會或許就一點也不大丈夫*了。

*「大丈夫」在日文中還有「沒問題」、「無須擔心」之意，此處便是採此義。

修行之3 — 不要和他人比較

樂寂靜

不管身處多麼安靜的場所，「內心的噪音」始終無法消失，其中最為棘手的莫過於「和他人比較」之心了。只管專注眼前，不要「分心張望」，這就是活在「當下」，就是「大人」的生活態度。

釋迦牟尼佛入滅前再次對弟子詳述佛法之精要，記錄在《遺教經》中。在這部佛經中，世尊告訴弟子必須滿足八個條件才能覺知，成為「真正的大人」。

八個條件中最為人知的是「少欲」和「知足」。「少欲」是不盲目追求眼前沒有的事物，「知足」則是對所擁有的事物感到滿足。兩者合在一起便成了「少欲知足」，有時也被當成是節約主義者的座右銘。

其他六個條件分別是「樂寂靜」（於靜寂處安頓身心）、「勤精進」（努力不懈）、「不忘念」（守住正念）、「修禪定」（專心打坐）、「修智慧」（實踐智慧）、「不戲論」（超越既定印象*），不過似乎都沒有上述前兩個條件為人所知。

這八個條件統稱為「八大人覺」。

「樂寂靜」光從字面上看相當簡單。道元禪師另外加上了註解：「當

*「不戲論」一般多解讀為「不說無意義的話」。

離憒鬧，獨處閒居」，也就是「遠離繁華市街，獨處於靜謐之所」的意思。

《遺教經》中的原文是這樣說的：

「捨己眾他眾，空閒獨處，思滅苦本。若樂眾者，則受眾惱。譬如大樹，眾鳥集之，則有枯折之患。世間縛著，沒於眾苦。譬如老象溺泥，不能自出。」

（應當遠離家人、朋友及所有人群，於閑靜處獨處，消除煩惱的根源。渴望「群眾」的人，就必須受「眾生煩惱」之苦，就好比再怎麼高大挺拔的樹木，如果聚集了成千上萬的鳥，枝條也會折斷。世間多為束縛所苦，如老象陷於泥沼之中，無法自行脫困，若陷於群眾之中，則無法掙脫束縛，獲得自由。）

內心的噪音最為喧囂

你或許會想說，這樣的話，只要到我居住的安樂寺之類的地方去不就好了嗎？

畢竟安樂寺位於深山野嶺，距離最近的民宅有五公里之遠，進入積雪的冬季時，整整四個月的時間都與外界隔離。想要安靜打坐，沒有比這裡更適合的地方了。應該是這樣沒錯吧。

其實就算身處安泰寺這樣的深山中，苦惱也不會自動消失，因為周遭環境再怎麼安靜，內心的噪音沒有一刻止息。

眞正的寧靜必須在自己的心靜下來之後，才能感受到。心中的噪音如果消失了，在東京也好在紐約也罷，不管你人在哪裡應該都是寧靜的。

那麼，該如何消除內心的噪音呢？

噪音有很多種，我認為最棘手的應該是「和他人比較」之心。「我也想變得跟那個人一樣」、「我也想要那個人擁有的東西」、「死都不想輸給那個人！」……我覺得這類內心的噪音最讓人不得安寧。

可悲的是，就算在打坐時，偶爾也會聽到這樣的聲音：「我要坐得比那傢伙更挺更直」、「就算那傢伙在打呼，我也絕對不會睡著」、「我要比那傢伙更早得悟」。不管人在多麼偏遠的深山裡，這樣的打坐不過是凡夫俗子的競爭罷了。

因此，我將「樂寂靜」意譯為「不要分心張望」。

只要不分心張望，就能安於當下，怡然自在。真正的「寂靜」不假外求。

眞正的「寂靜」，是你終於停止分心張望那一刻所發現的「當下」。

修行之4 — 迷惘、煩惱皆為開悟的原料

迷中又迷

正因迷惘，所以尋求開悟之道，然而愈是開悟愈覺迷惘。以迷與悟為齒輪，推動自己持續前進，此即佛之道。不要擔心迷惘，不要害怕煩惱，一步一步往前進。

禪又被稱為悟的宗教。正如「轉迷開悟」一詞所示，**禪的目的就在於轉出迷妄而開悟**。不過，迷惘豈是說放下就能放下的。不是我愛自誇，身為禪僧，我對於開悟反而沒有迷惘來得熟悉。迷惘的禪僧，這樣沒關係嗎？

我們來問問道元禪師吧。對於迷惘與開悟的機制，禪師在《正法眼藏》中是這麼說的：

「運自己修證萬法謂之迷，萬法前進修證自己謂之悟。」

用自己的標準衡量萬事萬物（萬法），得出「是這樣，是那樣」的結論，這是「迷」；注意到萬事萬物乃自行運轉，自己不過是仰賴其恩澤活在其中，這是「悟」。這個解釋有點隨興，不過意譯大致就是這樣的意思。

話雖如此，我們也不能老是被動地活著。正因為受惠於萬事萬物而活，我們不是更應該努力讓萬事萬物也生生不息嗎？

有迷才有悟

話說回來，難道迷和悟非得是互相對立的概念嗎？我倒覺得兩者的關係更像咬合緊密的齒輪。道元禪師在剛才那一段話後面接著說：

「大悟於迷為諸佛，大迷於悟為眾生。」

所有被稱為佛的覺醒之人，正是對於自己的迷惘有所覺知；迷惘的眾生，正是對於自己追求的開悟大為迷惘……。這段話我是這麼解釋的。

這裡有一點很重要：就算是佛，也不表示從此完全不再迷惘。**佛之所以成佛，正是因爲注意到自己的迷惘。因此，迷惘或許也可說是開悟的原料。**

不喜迷惘，想盡辦法要進入悟的世界而奮力掙扎，這樣的人正是迷惘的眾生。然而，沒有迷惘就不會開悟；反過來說，正因為開悟了，才會注意到迷惘的存在。

「松陰之暗，月之光」

這不是道元禪師的話，而是淨土真宗經常吟誦的句子，適切表達出迷與悟的關係。

松陰，指的是自己的黑暗面，月光則是悟的象徵。正因為有月光照耀，我們才看得見暗影。月光黯淡時，自己的缺點也模糊不清；**愈是開悟，自己的迷惘益發清晰可見**。若是這樣的話，應該也能贊同道元禪師接下來的話：

「更有悟上得悟之漢，迷中又迷之漢。

諸佛正為諸佛之時，毋須覺知自己之為諸佛。然而證佛，繼續證佛而不休。」

雖說有悟上得悟者，不過**眞正得悟之人（佛）不會認爲「我便是佛！」**。正因如此，那人才是真正的佛，才真正得悟。問題是「迷中又迷之漢」怎麼解釋？原處於迷惘之中，卻又更加迷惘，這到底是什麼樣的人呢？我認為這樣的人和「悟上得悟之漢」一樣，都是真正的求道者。這解釋聽起來或許有些牽強，不過道元禪師曾在《學道用心集》留下這兩句話：

「可識立行於迷中，獲證於覺前。
參學人且半迷始得，全迷莫辭。」

正因迷惘所以採取行動，察覺前便已開悟。學佛之人必先迷惘始有所得，深陷迷惘時，繼續往前即可。

這是我對「迷中又迷」一詞的理解，這麼一想，就覺得道元禪師正如此鼓勵著我：

「沒關係，放心迷惘吧。接下來也要不斷迷惘下去。」

修行之5 ── 從擺好鞋子開始

腳下照顧

發牢騷前，先反省自己的態度；強詞奪理前，先重新檢視自己的行為。如果正為理想與現實間的落差所苦，就從活在當下開始，全神貫注於此時此刻該做的事。

來安泰寺參禪的人，有著各式各樣的理由。

有的人一臉困惑，臉上彷彿寫著「佛法究竟為何」，有的人只想遠離都市喧囂，在大自然中朝氣蓬勃地生活；有為了追尋自我而來的人，也有人為了徹底遺忘自我而來；有人想找回逐漸遺忘的美好過去，也有人想開拓新時代；有試圖改變世界的人，也有人想從改變自己開始。安泰寺聚集了各式各樣的人，人人各不相同。

儘管每個人的目的不盡相同，但包括過去的我在內，大家有一個共通點：都是為了追求某個事物而來到安泰寺。

到底在追求什麼呢？有些人自己都不清楚，但就算是這樣的人，一定還是有所求。沒有人是在偶然的情況下踏入修行道場的。

雖說禪是強調放下一切的修行，但我並不認為有所求、有目的不好，反而覺得有這種想法是好事。

「射擊時如果沒有瞄準目標，怎麼射都不會中的；坐禪時如果沒有目的，就算持續幾十年也無關佛道。」

這是曾任安泰寺住持的澤木興道老師留下的一段話，足見**目的對修行來說多麼重要**。如果漫不經心、毫無目的地做，便失去了修行的意義，只是浪費時間而已。

但問題來了，修行的人應該把著眼點放在哪裡？換言之，應該瞄準什麼目標呢？

應該有不少人覺得理想當然是愈高愈好，不過，**理想愈高，愈容易忽略腳邊的事物**。

禪寺的玄關經常可見寫有**「腳下照顧」**（亦作「照顧腳下」）的牌子，只要是日本人，我想應該都看過。「腳下照顧」提醒我們的就是這件事。

這個詞不只是「把鞋子排列整齊」的意思。

它同時也提醒我們，專注於當下的自己，清楚自己的分際。

剛入佛門時，看不到自己的腳邊

二十幾年前我剛來到安泰寺時，有很多規定要記，包括跟鞋子有關的事。說到雲水（禪寺的修行僧）的鞋子，由於菜園、田地的工作繁重，在安泰寺不穿下駄*也不穿雪駄**），一直以來都是穿長靴。穿著髒兮兮的長靴不能從玄關進入寺內，所以我被要求從廚房後門進出，但就算從後門進，如果穿著髒鞋就直接進去，馬上會招來一頓排頭。

「混帳！你鞋子沒洗竟然要直接穿進來！」

原來如此，要先在門邊的清洗池內把靴子上的泥沙清乾淨才行。清洗池附近也放置了專用的刷子，不過得等前輩用完後輩才能使用，有一定的順序。包括這些在內的許多事情，我都是一一挨罵之後才知道。

有些前輩自己的長靴不洗，逕自換上涼鞋後就丟來一句：

「順便把我的也洗一洗，洗好收到鞋櫃裡！」

*即木屐，底部裝有木齒。

**裏上皮革的涼鞋，底部平坦，便於下雨或下雪時行走。

現在想起來實在很羞愧，當時的我明明什麼都還不懂，居然就對前輩抗議道：

「我是來學習佛法，不是來洗鞋的！」

看不到自己的腳邊，指的正是如此！**就算自認已確實瞄準遠方的目標，但至關重要的腳下卻搖搖晃晃，不甚穩固，這樣是沒辦法射中目標的。**

腳下照顧，首先確認自己的立足點，站穩後再來思考接下來要朝哪個方向、踏出什麼樣的步伐。就在今日，就在此時此刻，探問你的內心。

修行之6——停止追尋，放下自己

心不可得

世間最讓人苦惱的，莫過於「有所不足」的想法，例如「找自己」。可不可以不要再找自己了呢？停止追尋，放下自己，試著以現有的樣子活下去，有一天你就會和一直以來追求的事物不期而遇。

西元六世紀初將禪宗從印度傳到中國的是達摩祖師。雖曰「傳教」，但在達摩祖師的年代，佛教並不像現在這樣劃分為各個派系，當然也沒有「禪宗」這個宗派。

當時的中國似乎對佛教相當感興趣，不過達摩祖師與撰寫《大唐西域記》而聲名大噪的玄奘三藏（六〇二～六六四年）等人不同，並沒有從印度帶來任何一部經典。他主張「不立文字教外別傳」，也就是佛教非關文字。實踐佛教的方法在於坐禪，只管打坐即可，經典不過是實踐的註解而已，這是禪宗的立場。

據傳中國南北朝時代南梁的開國皇帝梁武帝特地派人迎接達摩祖師。梁武帝篤信佛教，廣建佛寺並捨身出家。他供養僧侶，並令其翻譯各大經典。武帝問達摩祖師，他做了這麼多善事，可以期待獲得什麼樣的功德呢？

「無功德。」

什麼功德也沒有。達摩祖師斥喝道。

這是什麼意思呢？雖然也可以解釋成「你所做的事情沒有任何功德，唯有坐禪能累積功德」，但其實並非如此。放下「累積功德」的想法，只管打坐，此即坐禪，因此**「無功德」才是佛教正確的姿態**。

梁武帝似乎未能理解這一番話。他又問：

「如何是聖諦第一義？」

「廓然無聖。」（空無一物亦無聖。）

武帝問的是，如何用一句話總結佛教的基本教義，即「苦、集、滅、道」四聖諦，然而禪宗想教給大家的不是神聖的教條、教義。像天空一樣廣闊無邊、不為任何事物所束縛的心才是禪宗的目標。

武帝大概有點不高興了，他接著又問：

「對朕者誰？」

「不識。」

你這傢伙到底是哪裡來的誰？達摩回「不知道」。因為早已將自己放下，自然無從知道自己是誰。

「無功德」、「廓然無聖」、「不識」三種說法內含禪的要義，但武帝似乎無法理解。在那之後，達摩祖師有九年的時間都在嵩山的少林寺面壁（坐禪）。

尋求內心的安寧

一年冬天，一名修行僧在積雪時節來到少林寺，希望拜入達摩祖師門下為弟子。這名修行僧就是後來承襲達摩禪法的二祖慧可。一開始達摩祖師無視他的存在，不發一語繼續面壁打坐。為了證明自己的決心，慧可竟然切下手臂，如此達摩祖師終於開口詢問他為何而來。

「我想要獲得內心的安寧。」

「將你那不安的心拿來便是。」

「**心不可得**。」（想抓住那心卻不可得。）

「那心，已經安好了不是？」

人生在世，我們總是不斷在追求什麼，譬如金錢、戀人，又或是名譽。就算想要的東西都到手了，內心某處還是會出現「還想要、還不夠」的聲音，像個小刺不斷扎在心上。想要身體健康，想要長命百歲……不少宗教團體便巧妙利用這樣的心理，承諾保佑信眾闔家平安、生意興隆，但這些說穿了不過是垂掛在眼前的紅蘿蔔而已。

就算追求的不是財富、地位，而是「真實的自己」、「永遠的幸福」、「安心」、「開悟」，對象雖然不同，但追求的本質並無二致。**達摩祖師大聲疾呼的，無非是要我們放下那「還想要、還不夠、躁動不安」的心。**

「啊，什麼嘛，一直在尋找的東西原來就在這裡！」唯有放下自己，才能有此發現。

修行之7——連「不要執著」的執念都丟棄

喫茶去

凡事不要執著，就連「『不要執著』的執念」都丟棄、放下。理所當然之事，理所當然為之，活著就是這麼回事。

這是發生在一名修行僧造訪趙州和尚（七七八～八九七年）時的事。

趙州問：

「上座曾到此間否？」（你有沒有來過這裡？）

「不曾到。」（沒來過。）

「到此間」顧名思義即「來過這裡」，不過問題在於「這裡」，也就是此間的意思。

這兩個字到底是指趙州本身，還是寺院整體，又或是中國的地名、同時也是和尚名字由來的「趙州」？

不對，這不是重點，重點在於你和我的「這裡」。此時此刻，自己是否已經做好準備？是否已經到達該抵達之處？這才是趙州和尚想問的。

修行僧回「沒來過」，趙州接著說：

「喫茶去。」（去喝茶。）

又有一天，另一名修行僧來到趙州處。

「上座曾到此間否？」

「曾到。」

修行僧表示自己已到達「這裡」，也就是說自己已經做好萬全準備了。

結果趙州又說：

「喫茶去。」

寺院裡排名第二的院主在一旁聽聞後，感到不可思議。

「『來過』的人您要他『喫茶去』，『沒來過』的人您也要他『喫茶去』……這到底是怎麼一回事？」

你猜趙州怎麼回答？

「院主！」

「是。」院主答道，這時趙州和尚再次叮囑：

「喫茶去！」

禪與茶的世界共通的精神

這個「喫茶去」到底是什麼意思，在禪的世界裡也引起了諸多討論。有人解讀為「請用茶吧」，認為是盛情款待，也有人理解成「喝杯茶後請回」，是冷漠以對，甚至有人認為這根本是訓斥，要對方「喝杯茶之後再來」。

真正的意思到底是什麼呢？怎麼想都想不透吧。

還是說，您已經知道答案了。沒錯，答案正是「喫茶去」。

日本的茶道把喝茶這個再自然不過的行為當作「道」來實踐，我認為趙州的「喫茶去」在茶道的世界完全成立。針對茶道的終極追求，千利休（一五二二～一五九一年）曾如此表示：

「須知茶道之本不過煮水點茶飲之。」（引自《鈴木大拙全集》，以下同。）

理所當然之事，理所當然為之，不需要什麼大道理。

這不就是禪與茶的世界共通的精神嗎？因此禪宗強調自然，崇尚簡單。讓自己所處的環境盡可能保持簡樸固然重要，但最重要的是放下自己的心，不要執著。

話雖如此，不管禪也好茶也罷，現實生活中要做到這一點可不容易。老是把「不要執著啊」掛在嘴邊，結果自己最放不下，這種人還不少呢。

關於千利休有下面這一則軼事。事情發生在長男道安（一五四六～一六〇七年）喚他喝茶，他踩踏過庭園飛石*的時候。

「獨獨有一顆飛石比較高，你好像沒注意到。」

換作是我，管他哪個高哪個低，飛石本來就大大小小不一樣啊。那麼在意的話，自己默默弄平不就好了。可是道安不一樣，他完全把父親的抱怨聽了進去。

「我好幾次也都這麼覺得。不愧是父親大人，感覺相當敏銳。」

*為方便步行而鋪設於日本庭園中的步道石。

這幾句話也很多餘。如果被提醒前就已經注意到了，為什麼一直放著沒處理呢？後來道安似乎趁著父親喝茶時，悄悄到庭園把那塊庭石給弄低。你猜千利休回來的時候怎麼說？

「道安啊，你好像聽進我的話了。話說回來你還真細心，在我回去前就把石頭整平了。」

茶道世界本該以自然、簡單為最，掀開茶蓋一看也不過如此，充斥著「我」的競爭。

「喂，利休、道安！喫茶去。」

修行之8——接受自己本來的樣子

放下著

放不下的時候，不用放下沒關係，只要原原本本接受「放不下的自己」就可以；無法接受的時候，不用接受也可以；心中有所不滿也沒關係，因為「放下想法」就從這裡開始。

安泰寺位於日本山陰地方*的山區，多雨也多雪。心情不好時，經常不自覺就想把原因推給天氣。

「跟天氣無關。」彷彿可以聽到釋迦牟尼佛如此說道。「問題出在你身上！」

正因為有「好希望放晴」的想法，下雨了就心生不滿；反之，田地裡雨水不足時就一心祈願「能下雨就好了……」。下雨了不高興，放晴了也不開心，全都只想到自己，只從自己的角度出發……。看樣子，問題真的不是出在天氣上。

冬天時想著夏天的好，夏天到了又希望冬天趕快來。「喜歡那個，討厭這個」諸如此類的好惡源源不絕，永無止境，佛教稱之為「執著」，認為這就是人之所以苦惱的原因。

對此，**佛教的解決之道是「去除執著」**，只要去除執著就可以從一切苦惱中解脫，獲得自由。不過實際上可沒這麼簡單，因為「從苦惱中解脫，

*日本本州西部面向日本海一側的地區，涵蓋鳥取縣、島根縣、山口縣北部、兵庫縣與京都府北部。文中的安泰寺位於兵庫縣北部山區。

獲得自由」的想法本身就是不折不扣的執著。

「去除執著，去除執著！」愈這樣想，執著就愈深刻。

「獲得自由，解脫吧！」愈這樣想，就被這個想法縛得愈緊。

等到終於感覺到自己「去除執著，獲得自由了！」，但那會不會只是自我暗示，其實根本不是這麼一回事？

那麼，到底該怎麼做才好？

先來講一個發生在中國唐代的故事。

前面提到了不起的和尚趙州，有個名叫嚴陽的禪僧來拜訪他。

「一物不將來時如何？」

從所有束縛中解脫，獲得自由，已無執著之心，接下來該怎麼做呢？嚴陽問道。

「放下著。」（放下！）

嚴陽聞言後似乎嚇了一跳。

「既是一物不將來，放下個什麼？」

已經沒有要放下的東西了，還要放下什麼呢？嚴陽回問。

「放不下，擔取去。」（既然放不下，就擔起來！）

何謂「放下想法」

向趙州提問的嚴陽自詡已去除一切執著，自信滿滿的模樣彷彿在說「這樣就可以了！」因為他比初學者更進一步，已經過了「要去除執著」的階段。

然而趙州只簡單回答：「再放下。」「要去除執著」的想法本身就是執著，修行的第一步便是放下這樣的執著，而不是試圖「去除」它。至於放下也不是一次、兩次就可以了，必須一生不斷持續才行。「我沒有任何需要放下的執著」之類的傲慢心態最為麻煩。

嚴陽反駁後，趙州反而要他「擔起來」。這話單純在嘲諷嚴陽嗎？我不這麼認為，因為**放下和擔起其實是互爲表裡**。

在安泰寺，我也會用「放下想法」這幾個字對參禪者說明坐禪應有的心態，至今還不至於有人大言不慚說「我已經放下所有的想法了」，倒是有人這麼說：

「雖然心裡一直想著要放下、要放下，但不管經過多久還是放不下……」

那是一定的，因為最關鍵的「要放下」的這個想法根本沒有放下。面對這樣的人，我反而會這麼建議：

「放不下的時候，不要放下也沒關係。」

要放下「不要執著」的執著，必須體認到人生一定會伴隨著「苦樂」與「好惡」。一心想著要去除苦樂，反而只會強化這樣的想法，不如就欣然擔起。或許有一天你會發現，一直以來擔在肩頭的東西已經在不知不覺間消失了。

下雨就是下雨了，能接受就不會心生不滿；若真的無法接受下雨，至少試著接受「無法接受下雨的自己」吧。

或許你會說，要接受「無法接受下雨的自己」也很難。這種時候，不用勉強自己「一定要接受」。

有所不滿也沒關係不是嗎？能做到這點才是真正的放下。

愛

對人親切和善，療癒他人痛苦，與眾人共同喜悅，放下執著，平心靜氣。佛教所教導的「愛」，就是上述「慈、悲、喜、捨」之心。我們每個人都是在巨大的關係網絡中共存共榮。

說到宗教的中心命題，那便是「愛」了。不對，早在宗教出現前，愛就已經引起人們諸多關心。

古希臘語中有四個用來表示愛的字彙。首先是表示「喜愛」的 storge。這種愛就像母子間的親情，或是人對於出生長大的故鄉所懷抱的情感，是以最自然的形式表現出來的愛。所謂「愛是盲目的」，指的便是 storge。

接下來是稱為 eros 的愛，最典型的就是男女情愛。這種愛彷彿能迸出火光般熾烈，用它傷人或因為它而受傷的人應該不少。

和 eros 稍有不同的是 philia。因 philia 而結合者，他們的愛朝向更遠大的目標，例如志同道合的人之間所產生的友愛。

最後是用來指稱宗教之愛的 agape，也就是無條件的愛。agape 和生理上的喜愛或排他的理想論不同，其本質在於為了他人奉獻自我。

提到「愛的宗教」時，大多數人腦海中最先浮現的應該是基督教吧。

基督教第一條戒律是耶穌基督所說的「愛你的神，愛你的鄰人」。至於愛的內容，聖經的《哥林多前書》裡是這樣寫的：

「愛是恆久忍耐，又有恩慈。愛是不嫉妒。愛是不自誇不張狂，〈中略〉凡事包容，凡事相信，凡事盼望，凡事忍耐。愛是永不止息。」

基督教認為，只要保有這樣的愛，所有問題皆可迎刃而解。話雖如此，宗教戰爭歷史悠久卻也是不爭的事實……

「愛執」是苦惱之源

相對的，佛教似乎不怎麼談論愛，這應該是不少人對佛教的印象吧，畢竟「苦」是釋迦牟尼佛一切教誨的出發點。佛教著眼於滅苦，而「愛執」（對愛的執著）則被視為苦惱之源。

沒錯，**佛教認爲「愛」就是所有問題的源頭**。

愛執的原語來自梵語的 trishna，意思是「枯竭」、「不滿足」、「渴望」，所以也譯成「渴愛」。古希臘語四個愛的字彙中，表示生理上喜愛的 storge 意思應該最為接近。

然而在古印度語中，用來表示愛的字彙比古希臘語還多，除了 trishna 之外竟然還有七個。

對應於古希臘語 eros 的是 kama 一詞，譬如古印度就有一部談論性愛的書籍叫 *Kama Sutra*（《愛經》）。六〇年代嬉皮運動正盛時，歐美有不少嬉皮都讀過這本書。書中除記載性愛的基礎、前戲，還列出各種可供參考的性愛體位與姿勢。

除了 kama 之外還有 preman（親愛）和 sneha（友愛）。sneha 直譯是「滋潤」，也就是以愛滋潤他人，這類型的愛強調「施」大於「受」。preman 和 sneha 都和古希臘語的 philia 較為接近。

提到佛教之愛時，最常聽到的是 maitri（對人和善親切）和 karuna（療

癒他人痛苦）。原本是兩個獨立的概念，但在佛經中經常合譯為「慈悲」。此外，捐香油錢有時會用到的「喜捨」一詞，其實也是從 mudita（與眾人共同喜悅）和 upeksha（放下執著，平心靜氣）兩種愛的概念而來的。

這四種愛在佛教用語中稱為「四無量心」，雖然和古希臘語的 agape 意思相近，不過在印度卻用了整整四個字彙來表達這種「不期待回報、無條件的愛」。

最後介紹兩段古印度經典中與愛有關的描述。

「如同母親用生命保護自己唯一的兒子，對一切眾生施以無限的仁慈心，對世界施以無限的仁慈心。」（《經集》〔*Sutta Nipata*〕）

聖經說「愛你的敵人」，這樣的愛固然偉大，不過我認為佛教「一開始就沒有敵我」的看法一點也不輸給基督教。不對，愛是無關勝負的。

「於此世界中，從非怨止怨。唯以忍止怨，此古聖常法。」（《法句經》〔*Dhammapada*〕）

人無法脫離與他人的關係網絡而活。一旦悟得了這道理，除了放下「勝負」、「敵我」的執著之外別無他法。**把全世界都當成自己的孩子看待，這就是佛教所說的「慈、悲、喜、捨」，也就是愛。**

修行之10——從善惡中解脫，獲得自由

不思善 不思惡

善惡之類的二元論不過是人類權衡得失後擅自決定的概念，也因為習慣以二分法看事情，我們漸漸看不到事物的「真實」。喜愛與厭惡、快樂和痛苦等概念看似相對，其實是一樣的東西。應當懷著嶄新的「心」，掌握事物原有的面貌。

根據基督教的說法，人類的歷史始於亞當與夏娃。聖經《創世紀》記載，亞當與夏娃原本住在上帝一手打造的伊甸園，兩人在蛇的誘惑下吃了「分辨善惡樹的果實」，觸怒上帝，因而被逐出伊甸園，從此人類便踏上苦難的荊棘路。

這個故事與禪語中的「不思善，不思惡」是相通的。不去想不好的事，這可以理解，但為什麼不能思考好的事情呢？或許有人會覺得不可思議，只要想好的事情不就可以了嗎？

話雖如此，各位有沒有想過人為什麼會覺得痛苦？

這是因為人習慣區分「樂苦」、「好惡」、「善惡」，也就是用二分法來思考事情。換言之，**人類因習於權衡利益得失，漸漸看不到事物原有的樣貌**。

或許亞當和夏娃不過是迷失了腳下的路，並不是被逐出樂園。如果我們不要帶著「善惡」的有色眼光看待事物，或許便能在當下再次發現樂園。

從邊緣到主流

言歸正傳，「不思善、不思惡」一語出自人稱禪宗六祖的慧能（六三八～七一三年）。他是中國南宋時代的人，據說出家前曾為樵夫。一天，慧能到市街去賣柴，偶然聽到有人在誦讀《金剛經》。

「應無所住，而生其心。」

此「不生起住著於任何一處之心」一節，表現出禪的核心概念。心不為任何事物所束縛，自由自在。慧能聽聞後決定出家求道。

面對一心想拜入門下為弟子的慧能，禪宗五祖弘忍以「嶺南（中國南方）無佛性」奚落之，一開始並未如他願。不僅如此，據說慧能連坐禪都不被允許，待在寺內簡陋小屋的數月間，他只是奉命一味地搗米。

後來弘忍有意退休，為決定後繼者人選，他命寺內修行僧以文字表現自己修行的境地。大弟子神秀作詩如下：

「身是菩提樹，心如明鏡台，時時勤拂拭，莫使惹塵埃。」

「身體是覺悟的菩提樹，心則如明亮的鏡台，為免鏡台沾染塵埃，每天都要確實進行心靈掃除，這便是修行。」神秀的意思應該是這樣。

大師兄神秀此作一出，沒有人敢提出自己的作品，除了慧能之外。不識字的慧能從其他師兄處聽聞神秀的詩作，深感「仍有不足」，於是說出以下文字：

「菩提本無樹，明鏡亦非台，本來無一物，何處惹塵埃。」

「既沒有菩提樹，也沒有鏡台，既然本來什麼都沒有，要擦拭哪裡的塵埃？」這話聽來有些諷刺。就慧能來看，神秀不過是執著於二元論的修行方式罷了。雖說慧能當時是個活力充沛的年輕人，不過連坐禪的經驗都沒有，對神秀來說只是個乳臭未乾的小子。站在實踐至上的立場來看，慧能這超脫一切的言論聽起來就像是不夠成熟的精神論。

後來兩人的發展分別為何呢？

神秀重實踐的修行方式有很長一段時間為中國禪的主軸，不過這派人稱「北宗」的傳統逐漸流於形式，為人輕蔑，最後走向沒落一途。另一方面，由慧能所倡主打**「本來無一物」**、走灑脫風格的禪在中國南部傳了開來，最後從邊緣一躍成為主流。日本的禪也是承襲慧能這一派「南宗」傳統而來。

雖說一派走向沒落，另一派保存了下來，但禪的北宗南宗應無「善、惡」之分。有人說慧能是比神秀更優秀的禪僧，但正是不了解慧能所謂「不思善、不思惡」的人才會說出這種話。

慧能的表現如何，神秀的表現如何，這些一點關係都沒有。

重點是，當下的你的表現如何。

修行之11——以「我」為依歸

自由

以當下的「我」為依歸而活，此即行走於「佛之道」。

倘此，我們便不得任性妄為、隨心所欲地活，因為世界上存在各式各樣與「我」全然平等的他人。

基督教、猶太教、回教都是崇拜「唯一真神」的宗教。萬能的神創造了世界，也創造了人類，並在人類死後予以審判。從這個出發點來看，三個宗教可說完全相同。

相對於此，印度的印度教為多神信仰，並以多神中的梵天（創造之神）、毗濕奴（守護宇宙的慈悲之神）、濕婆（毀滅之神）為主神。此三大主神的化身和子神眾多，在日本廣為人知的七福神中的大黑天、毘沙門天和辯才天，原本都是印度教眾神的化身，甚至連創立佛教的釋迦牟尼佛，在印度教中都被認為是毗濕奴的化身。因此，據說在印度也有人將佛教視為印度教的派別之一。

話雖如此，佛教和印度教的世界觀仍稍有不同。首先，佛教並不以眾神為依歸，卻也不是無神論，因為佛教並不否定神的存在；不但不否定，甚至把神當成供養的對象。

其實，我每天在安泰寺也是遵照傳統供養「一切鬼神」，我們稱為「取生飯」。這是在禪寺進食時舉行的儀式。每一個修行僧以拇指和食指，從名為「應量器」（修行僧使用的食器）的容器中取出五到七粒左右的米飯，供養鬼神，供養時一邊唱誦以下經偈：

「汝等鬼神眾，我今施汝供；此食遍十方，一切鬼神共。」

這句經偈的意思是：在此呼喚諸神。眾神明應該也餓了，請和我們一起用餐；不只眾神，宇宙中一切眾生，也請和我們一起用餐。

佛教把諸神當成供養的對象，而非崇拜的對象。**這是因爲人、神、鬼都仰賴萬事萬物而活，都站在同一個立足點互相扶持**。

只有自己是自己的依歸

人活在與他人所構築的關係網絡中，無法離群索居，大多數宗教的功能便是為這樣的人類提供支持。唯一真神或多神信仰如此，我們的老祖先或共同體的規則亦然。

然而，**佛教的最終目標並不是作爲人的支柱，而是讓人獲得自由**。明治時代西方思想傳入日本時，用來翻譯英文的 freedom 或 liberty 的「自由」一詞，其實是佛教用語，其義如字面所示，即「憑由自己」。

「只有自己是自己的依歸；除了自己，沒有其他依歸。」

古代的佛教經典《大般涅槃經》中如此寫道。**人除了自己之外若還有其他依歸，便會受其支配**，而佛教的出家僧一直以來都在實踐不為任何事物所束縛的生活方式。

獲得自由，意味著從一切束縛中解脫，不論這束縛是欲望、社會制度，或是來自神祇的支配。從這點來看，佛教的目標在當時的印度社會看來算是相當創新。

釋迦牟尼佛進一步對弟子說：

「應如犀角獨步行。」

這句話出自於歷史最悠久的經典之一的《經集》（*Sutta Nipata*），意思是說，修行之人不該聚在一起，每個人要徹底自律，而後自立。

印度佛教的這個傳統也為中國的禪所繼承。知名的臨濟禪師（？～八六七年）也曾說過：

「隨處作主，立處皆真。」

不論在什麼樣的狀況下，只要保有主體性而活，腳下自然會發現眞實的道路。這是我的解讀。反過來說，如果迷失了「當下的我」這個立足點，怎麼找都找不到路。

走在真實的道路上，這才是禪所謂的「自由」。不過，**爲避免流於任性妄爲，我們也不能忘記自己與他人互相產生關係、彼此共生共存的事實**。

修行之12

唯有透過實踐才能看見「道」

典座以絆為道心

遇到「問題」時，我們會怎麼做呢？首先，會尋找可能有助於解決問題的方法。當然，光知道方法，問題並無法解決。唯有透過「實踐」，才能抵達佛之「道」。

佛教的核心為「道心」。

「道」這個字其實是梵語 bodhi 的漢譯，音譯為「菩提」，用於大家熟知的菩提寺＊或菩提樹等字彙中。

像這樣同時使用音譯和漢譯的佛教用語不止一個。例如《般若心經》的「般若」音譯自梵語 prajna，漢譯是「智慧」；「布施」的原語是 danam，日文中的「旦那」＊＊和「檀家」＊＊＊其實也是由此而來。至於梵語的 samadhi，漢譯是「禪定」，知道這個詞的日本人應該不多吧；相較之下，samadhi 的音譯「三昧」＊＊＊＊則常用於日常生活中。

言歸正傳，大約兩千年前、佛教傳入中國時，要翻譯數量龐大的經典實屬不易。正如明治維新後，日本的知識分子為了翻譯 freedom、responsibility 等英文下了不少苦功，當時的中國人也拚命尋找能忠實傳達佛教思想的詞彙。

＊家族代代歸依、埋葬祖先遺骨的寺廟。

＊＊發音為 danna，即布施之人。

＊＊＊發音為 dannka，即屬於某寺廟，並向該寺廟提供金錢等布施的信徒。

＊＊＊＊意思是「專注在一件事情上」。

結果在翻譯 bodhi 這個詞時，他們鎖定了「道」字，意思是無法訴諸語言文字的宇宙法則。這是西元前六世紀的思想家老子所提出的哲學概念。

「道可道，非常道。」（可稱為道之道，並非常道。）

出現在老子《道德經》開頭的「道」字，原來有三種不同的意思：「道路」、「言說」、「常道」。因此，上面那句話意譯為**「可以用語言文字表示的道路，並非恆常不變之道」**也成立。

中國人認為，既然佛教來自釋迦牟尼佛的悟道，那麼世尊在菩提樹（即 bodhi 之樹）下悟得的內容正是恆常不變之道。**世尊所悟爲菩提心，也就是道心**。

道元禪師從老典座身上學到的東西

日本的道元禪師為了求「道」前往中國，他在中國第一個接觸到的人，是某座佛寺的老典座。典座為了購買日本的香菇來到道元禪師所在的船上。

當時禪師尚未取得許可，無法上岸，不難想見他會抓住這個機會，對典座提出一連串的問題。好不容易有機會與真正的禪僧面對面，道元禪師一定是想問出禪的真義吧。

「請您在此留宿一晚，與在下暢談佛教教義。」

對於道元禪師的邀約，典座毫不留情拒絕了。

「我沒那個閒工夫，還得準備明天的飯菜呢。」

不過禪師並沒有放棄。

「準備飯菜這點小事，交給誰都可以不是嗎？比起飯菜，您可以解答我的疑惑嗎？」

「外國來的小夥子，看樣子你似乎連佛教最基本的道理都不懂啊。」典座只留下這句話，急急忙忙趕回寺裡去了。

想必禪師聽了應該張口無語、不知如何是好吧。比起佛教教義，這位禪僧竟然更看重飯菜。過了一陣子後道元禪師才從其他典座口中聽聞箇中緣由。

「**假手他人之事無法成爲自己的修行**。必須自己動手做，而且現在就做！」

回到日本後，道元禪師將他在中國的見聞和經歷寫進《典座教訓》一書中。我最喜歡的關於道心的定義也出現在這本書中。

「典座以絆為道心。」（典座持絆而成道心。）

「絆」這個詞在現在的日本早已成為流行語，不過知道這個字從何而來的人可能不多。

「絆」原本似乎是繫縛小狗的鎖鏈，後來轉而指束縛人們的情感枷鎖，現在則用來表示連結人與人的「羈絆」。

不過道元禪師所說的「絆」並非上述任何一個意思，而是指（為方便勞動）用來束起和服衣袖的繫帶，也就是「襷」。

典座捲起衣袖、在廚房來回忙碌著，別說佛教教義了，就連禪悟都忙到忘記，這般身影才是道心的具體表現。我們也不該僅止於研讀佛教經典，應付諸行動，親身實踐。

修行之13——宇宙中一切存在皆互有關連

緣起

我們每天不經意用「我」來稱呼的這個自己，只能存在於宇宙這張巨大的網絡中。因此，每一個人在活出「我的人生」的同時，不管願不願意，都會對所有事物帶來影響，也會受到所有事物的影響。

如前所述，佛教是倡導自由、強調以自己為依歸的宗教。與此同時，佛教的核心在於無常與無我。換言之，教導世人萬事萬物皆無實體的也是佛教。如果順著這個邏輯走，不就意味著連最重要的「自己」也沒有實體嗎？

沒錯，佛教所說的「自己」也是沒有實體的，這是「自己」和一般所謂「自我」最大的差異。「以自己為依歸」和「主張自我」完全是兩碼子事。

「慣習佛道者，慣習自己也。慣習自己者，坐忘自己也。坐忘自己者，見證萬法也。見證萬法者，使自己身心及他己身心脫落也。」

這是道元禪師的《正法眼藏》中最有名的一段話。

所謂學習佛道，學的不是別的，正是「自己」，此即佛教的出發點。不過道元禪師接著又說，學習自己就是忘記自己。忘記自己，見證各種事物（萬法）的智慧……

用我自己的話來解釋，意思便是「在與各種事物接觸的過程中，發現自己」。這是一種自己與他者（他己）的界線已然消失、放下彼此的身與心之境界。

突然間好像變成什麼神祕體驗之類的困難話題，其實不是這樣。我講的就是日本人時常掛在口中的「**緣起**」*的概念。

日本人提到這個詞時經常加上形容詞「好」或「不好」，因而有「好的緣起」、「不好的緣起」**等說法，不過真正的緣起並非這樣的意思。**宇宙中包含精神與物質層面的一切存在全部互為關連，這才是緣起真正的意思**。

緣起並不僅限於外在事物，我們平常用「我」來稱呼的自己也是一樣。這個自己不獨立於宇宙之外，本身也沒有類似「核心」之類堅固的東西存在。**只能存在於宇宙這張巨大之網當中的就是這個自己，就是這個「我」**。

*在日文中有「前兆」、「兆頭」之意。

**分別為「吉利」和「不吉利」之意。

「天地、空氣、水、植物、動物、人，全部都是布施。互相施助。唯有在這互相布施的網絡中，我們才得生存。」（安泰寺第五代住持・澤木興道）

網如果搖晃不定，「我」也會跟著搖晃

「自己」具體來說是如何成立的呢？首先要有「我的世界」，由眼、耳、鼻、舌、身等五感和我的意識所形成。五感加上意識，佛教稱之為「六根」。

不過，我們每個人都有眼睛、耳朵、鼻子、舌頭，卻有不同的見解和想法，這又是為什麼呢？

這不只是因為進入每個人感官的色、聲、香、味、觸、法的訊息不同，從父母親遺傳而來的感覺器官也各異，再加上所受教育不同，處理資訊的能力不一樣，甚至連飲食和風土的差異也會影響人的習性。以上種種要素全部牽扯在一起，錯綜複雜，彼此互相影響，產生關係。

「因為就像一切就是我心中的大家那樣　一切也是大家各自心中的一切***」（宮澤賢治《春天與修羅》序）

我們平常稱為「我」的這個現象，是由無數個要素交織而成。宇宙得以成立的一切要素如果是一張網，那麼「我」不過是網裡的一個網眼罷了。**如果整張網搖晃不定，「我」也會跟著搖晃**。

對於這裡所說的「搖晃」特別敏感的，我認為非日本人莫屬。從日本人常掛在嘴上的「託您的福」、「彼此彼此」等說法，可以看到這張連結人與人的網絡如何運作，而日文本身也有不指出動作主體，轉而強調「緣起」的傾向，例如「請容許（我）……」或「（我們）（自然而然變成）要……了」等說法。

佛教雖然重視自己，不過，**要讓自己活下去，也就是依賴整個宇宙的生命而活的同時，我們也必須發揮力量，讓整個宇宙的生命因自己而活**。

***譯文取自《不要輸給風雨：宮澤賢治詩集》，顧錦芬譯，商周出版。

修行之14——放下心，便能接受一切

無

不要執著於小處，試著朝所有方向打開心扉。如此一來，一定會留意到無法形諸語言文字的「巨大作用」。我們仰賴那股作用而活，除此之外什麼都不是。試著打開心胸，用 open-minded 的態度活過每一天吧。

禪，一言以蔽之即「**無**」。

我們總是認為「有」什麼東西，拚了命追求「某個東西」，譬如金錢、地位或異性。愈是拚了命追，所追求的事物就離我們愈來愈遠。

一心想要抓住某個東西卻無法掌握，好不容易抓住了，卻馬上失去興趣，心想「其實這不是我想要的」，又開始尋找下一個目標。

「想要幸福」、「想要得悟」的想法到頭來也是一樣，不過是在追求「某個東西」罷了。

這些東西說穿了就像自己掛在自己眼前的紅蘿蔔，佛教注意到這一點，其教誨也是從這一點出發。**我們認爲「有」的東西不過是幻覺，其實是「無」**。佛教大聲訓斥：不只我們拚了命追求的紅蘿蔔是「無」，就連拚命追求的「我們」到頭來也是「無」。

所謂「無」就是「沒有恆常性、沒有實體」，進一步衍生為「其實根本不存在」。以佛教用語來說便是無常、無我、空的現實。找到出口，從無常、無我、空的世界解脫，這是古代印度佛教追求的目標。

然而凡夫俗子如你我不是說解脫就能解脫的，這是不爭的事實。

這是因為身為凡人的我們被「無明」給朦騙了，「無明」就是連照進一絲光明的縫隙都沒有的頑固煩惱。我們深信這一側「有」不變的「自己」，另一側則「有」我們所欲求的對象，所以才會覺得痛苦。我認為初期佛教講的「無明、無常、無我、空」等概念，可以單純視為帶有否定意涵的概念。

從「色即是空」到「空即是色」

「空」的概念隨著佛教發展漸漸帶有正面的意涵，這一點可以從《般若心經》裡著名的「色即是空，空即是色」看見端倪。一切存在（色）皆無實體，此即「色即是空」，而空乃一切存在的母體，所以「空即是色」。

大乘佛教認為，沒有實體的空正是孕育眾生的生命之源。從中國傳到日本的禪宗也是大乘佛教的一支。雖說空是整體佛教的基本概念，不過初期的佛教將空視為苦的源頭，大乘佛教則轉而從空尋求解脫，其中的分水嶺就在於從「色即是空」到「空即是色」的轉變。

而一向和空沒有嚴格區別的「無」，其意涵同樣也從負面轉為正面，尤其禪從中國傳到日本後，特別偏好使用帶有「無」的說法，例如「無心的境界」、「無為的作用」等。

這裡的「無」絕非否定之意。「無心」不是「沒有心」，也不是大家常說的「心都空了」的狀態。

無心，是對一切敞開胸懷、自由自在、與天地萬物合爲一體的心。翻譯成英文比較接近「free mind」、「open mind」，而不是「no mind」、「empty mind」。

因此，達到「無心的境界」絕對不是攫取什麼神祕的事物。無心的境界不是「超越有無」、「絕對無」之類晦澀難懂的概念，而是放下心，就這麼簡單。

心放下了，心中自然可以接受一切。

「無為的作用」也不是什麼特殊的作用，當然更不是「什麼都不做」，而是把自己放在天地萬物所形成的巨大作用之中。

天地萬物具體來說就是此時、此處，就在自己的腳下。天地萬物的作用便是由無從掌握、無我之我而生。我的名字「無方」指的並非「沒有方向」，而是「三百六十度朝所有方向開展」。這裡的「無」當然也是「天地萬物」。不過用說的很容易，真要付諸行動就……今日的我深切感受到自己愧對「無方」之名。

修行之15 ── 找出束縛自我的「真面目」

身心脫落

「想要這個」、「想做那個」，諸如此類來自自身的欲望從我們身上奪走自由，這就是「束縛」的真面目。哪怕是為數不多的捐款，或僅只一句溫暖的問候，透過這些微小的「布施」，一根一根解開纏縛身心的繩索。

佛教的著眼點在於解脫。英文中將解脫一詞譯為 liberation（解放）。換言之，解脫就是掙脫束縛、獲得解放。

問題是，如何到達解放的境界？怎麼做才能掙脫束縛、獲得自由呢？回答這個問題前不妨先想一想，為什麼我們會覺得不自由呢？說到「沒有任何不自由」，一般想到的大抵是可以做喜歡的事、獲得想要的東西、事情都順著自己的意發展等等，但這不過是錯把「隨心所欲」當成「自由」罷了。

佛教絕對不會把「隨心所欲」或「恣意妄爲」視爲自由的生活方式，而稱之爲「任意」。想做什麼就做什麼的人是最不自由的。這種人或許自認為活得自由自在，其實早已成為欲望的奴隸而不自知。

束縛並非來自外在世界。我們一心渴望自由，但讓自己變得不自由的，卻是自己的心。我們並不是被什麼給束縛了，而是自己縛住自己。**「想要這個」、「想做那個」，這樣的心態正是束縛的眞面目**。

既然束縛是自己給的，也只有自己能讓自己從束縛中解放；必須靠自己的力量，將縛住自己的繩索一根一根解開才行。

放下自己的「身與心」

束縛的形式有很多種，最容易理解的是對所有物的執著心。「布施」被視為通往佛道的入口，即便是微不足道的捐款一樣對世界有益。不僅如此，捐款的行為本身可以解開一根束縛自我的繩索。

不過，我要談的不只是物質層面。人際關係不圓融、與他人意見不合時，就算把自己的想法強加在他人身上，接下來的進展也不會順利，畢竟對方也不會輕易讓步。

反倒是自己如果先退一步，對方也會讓步不是嗎？如此一來，最後雙方都可以變得自由。

道元禪師稱這種不可思議的機轉為「放下，真正重要的東西就會出現」。

鬆開手，才能發現掌中物。

不論是小額捐款，或是對身旁的人投以一句親切的問候，全都是放下的實踐。這些看似微不足道的實踐，正是佛道的實踐。只要每天不間斷地付諸行動，總有一天會感受到何謂解脫。道元禪師稱那種感受為**「身心脫落」**。禪師從師父口中聽到這個詞時，心裡像是有什麼「咚」的一聲放下了。

那是禪師在中國的天童山坐禪時發生的事。如淨禪師（一一六三～一二二八年）對著坐在道元禪師旁邊、正在打瞌睡的修行僧說道：

「身心脫落！」

另有一說指當時如淨禪師想說的其實是「心塵脫落*（拂去心靈塵埃）」，不過一旁的道元禪師似乎將其解讀為「放下自己的身與心」，也就是全然拋下自己。這麼做便會發現，一直以來束縛住自己的不是別的，

*「身心脫落」與「心塵脫落」日文發音相同。

正是自己。

放下自己的身與心，才能毫無抗拒地接納一切事物，就像接納自己的身心一樣。而解脫的力量不會只停留在當事人身上。**只要有一個人放下自己，和那個人有緣的每一個人都會感受到「放下，真正重要的東西就會出現」的不可思議力量。**

一開始就要實踐「身心脫落」或許難度太高了，不過在佛緣的幫助下，今日的我希望能夠解開纏縛自己的繩索，解開愈多愈好。

修行之16——站在「被奪去生命之物」的立場想一想

不殺生

吃東西這件事就等於領受他者的生命。藉由奪取各種動植物的生命，我們才得以存活。至少對那些生命要心懷感謝，並反省自己的行為。仰賴許多生命恩澤而生存的我們，要認真地過完這無可取代的人生。

佛教裡有稱為「戒律」的生活指引，也就是生活的地圖。如「戒定慧」一詞所示，正因為持戒（嚴守戒律）和禪定（實踐坐禪），才能得到智慧。反過來說，即使具備優異的智慧，仍需透過禪的實踐將智慧扎根於生活中。

流行於泰國、緬甸、斯里蘭卡的上座部佛教，至今仍嚴格遵守兩百條以上據說是釋迦牟尼佛所訂定的戒律。日本佛教對於戒律的態度比較寬鬆，但這並不表示日本佛教完全不存在戒律。不過日本佛教對於戒律所抱持的態度確實不同，這也是不爭的事實。

與戒律有關的用語有受戒、持戒、破戒、無戒。

雖然這幾個用語的內涵因在家或出家修行而有不同，不過「受戒」是接受戒律，作為自己的生活方針，「持戒」是遵守上述戒律而活，「破戒」是打破所受戒律，至於「無戒」則是一開始就不接受戒律。

就一般觀念來看，要不要受戒是個人自由，所以無戒也算不上什麼罪過，又或者應該說破戒才是罪過。既然已經受戒，當然得遵守戒律才行。如果本來就沒打算遵守，一開始就不應該接受，這才符合一般常識。

然而，初入佛門時，我曾經從師父那邊聽聞與常識完全相反的說法。

「可以破戒但不可無戒。」

簡單說，迷路不打緊，但身上必須帶著這張名為「戒」的確切地圖。打從一開始就不參考地圖，這是不行的。

不過，更讓我驚訝的是以下說法：

「比起半吊子的持戒，偶爾破戒還比較健康。」

破戒比持戒好？沒有這種事吧。再怎麼半吊子，持戒一定也好過破戒吧？

當時年紀尚輕的我滿腦子都是疑問。不過，師父所謂的「半吊子的持戒」，指的就是我那令人厭惡的態度吧。

有如殺生極致般的發言

我從小就不太喜歡吃肉、魚，接觸佛教之後更是嚴格遵守素食主義，在禪寺想當然耳不可能吃肉，我以前一直是這麼認為的。

沒想到我在安泰寺出家那天晚上，桌上竟然出現了牛排，說是要為我「慶祝」！

「剛剛接受『**不殺生戒**』的我可不是為了吃肉才當和尚的。那種東西看是要餵狗還是怎樣，請處理掉。」

連戒律的意思都還不懂的我竟脫口而出這樣的話，現在回想起來實在無比羞愧。

師父於是這麼告誡我：

「你站在那塊牛排的立場想一想。為了慶祝而特地被烹調成食物端上桌，沒想到竟然被拒絕，說什麼『那種東西我才不想吃』，換作是你作何感受？還有，為了你布施這塊牛排的人，你有想過他的心情嗎？你剛剛的發言才是『殺生』的極致。」

自給自足的安泰寺日常飲食以蔬菜為中心，我們每天食用的蔬菜也是有生命的。無視於蔬菜的生命，僅視其為營養來源，這樣就算吃素無疑也是一種「殺生」。

換言之，**「殺生」與否，端看食用之人的心態**。

植物、動物、人類都是有生命的。領受動植物的生命，我們才得以生存。若視其為破戒，那麼持戒從一開始根本就是不可能的。

也可以換個角度，從以下的觀點來看：

「我們並不是因為憎惡植物或動物才取其性命。**爲了成就佛道，必須讓那些尊貴的生命發揮最大的價值。對所有的生命心懷感謝，反省自己的修行。**」

我們領受動植物的生命，透過這種方式活下去，而總有一天，我們也得放下自己的生命。下輩子我或許會投胎為家畜，哪一天就被端上桌當作菜餚食用吧。屆時若被某個看似認真的和尚嫌棄，說「把那種東西拿去餵狗」，想起來雖然不好過，但也只能說是「自作自受」吧。

以心傳心

不管如何費盡唇舌解釋說明，仍然有無法傳遞之「心」，所以才必須以「心」傳「心」。動腦思考前，先以全新之眼觀看、全新之耳聆聽事物原有的樣子，如此才能推量並理解其「心」。

印度北部有一座靈鷲山，以釋迦牟尼佛多次於此講述佛法而聞名，《法華經》也是世尊在這座山上宣說完成的。不過就禪宗來看，世尊於靈鷲山上「拈花微笑」、以無言的方式說法一事更為有名。

一天，眾弟子在靈鷲山上圍繞世尊而坐，等待世尊說法，但世尊卻遲遲不開口。

「師父怎麼了？今天和平常不太一樣。」正當弟子這麼想時，世尊突然拿起一朵鮮花並輕手一拈。

弟子見狀一頭霧水，彷彿頭上冒出了無數個問號，唯獨一名叫做摩訶迦葉的佛弟子發出會心一笑。

那時，摩訶迦葉眼中看到了什麼特別的東西嗎？

不，我不認為他看到了特別的東西。

其他弟子或許在猜想，世尊那舉動背後應該有什麼意義吧，但摩訶迦葉眼中卻僅浮現世尊手拈鮮花的模樣。

「唯有如此，如此而已。」

摩訶迦葉打從心底為如此直白的說法感到欣喜。

世尊藉由這種方式將佛法傳授給弟子摩訶迦葉。**不是透過語言述說，而是用心傳遞給心**，因此這種傳授方法便稱為**「以心傳心」**。

這時世尊終於開口了：

「吾有正法眼藏，涅槃妙心。付囑摩訶迦葉。」

這裡出現了艱澀的佛教用語，不過不用想得太難，首先一個一個來看每個字的意思。

世尊欲授予弟子之心究竟為何

正法眼藏的「正」雖然是「正確」之意，這裡解讀為「事物原來的模樣」；「法」是梵語中「dharma」一字的翻譯，「dharma」有「法則」、「教導」的意思，不過這裡用另一個意思「事物」來解釋。

接著的「眼」就是「眼睛」，「藏」是映照在眼中的「整體形象」。

仔細思考四個字的意義後，「正法眼藏」一詞便可理解為「映照在凝視事物原有樣貌之眼的整體形象」，也就是當下出現在眼前天地萬物的生命運作。

接著是涅槃妙心。「涅槃」是放下、冷靜沉著之意，「妙」則是超過語言所能述說的狀態，因此「涅槃妙心」即不為語言所縛的沉著之心。

世尊將涅槃妙心傳給摩訶迦葉，後來摩訶迦葉再傳給弟子阿難陀。佛的教誨於是像這樣由師父代代相傳給弟子，從印度到中國，最後終於從中國傳至日本。

師父既然會以無言的方式傳授教誨，當然也會透過語言來說法。不對，**與其說是「傳授」，或許說是弟子從師父的言行舉止中推察其意較爲貼切**。

時至今日，佛法的傳授並未中斷。不僅世尊的語錄還保留著，如果認真尋找，也可能遇到身體力行、實踐佛之教誨的人。

世尊手拈鮮花時，留意到「唯有如此」的似乎只有摩訶迦葉一人；而留心流傳於現代社會的佛之教誨並推量、理解之，則是我們每一個人的功課。

修行之18

把對方的話當成自己的事

王 索
仙陀婆

無法理解說話者真正的意思，是因為聽者力有未逮，未試圖設身處地理解對方。該如何度過這一瞬間的生命？面對釋迦牟尼佛如此提問，就算找不到答案，這一生也要帶著這個問題，繼續前行。

大約二十年前，安泰寺本堂北側準備增建新的禪堂，當時修行僧們在師父的指導下，從打地基、搭建骨架到內部裝修等全不假他人之手，每天忙著做工。我也戴起工程帽，套上地下足袋*，感覺自己成了不折不扣的木工師傅。

這時師父突然射來一道凌厲的目光，丟出一句：

「把那個拿來！」

咦？師父打算用鐵鎚釘釘子嗎？還是用鑽子鑽洞？又或者要先用量尺測量長度？還是要用水平儀量度水平？只說要「那個」，我實在不知道該拿什麼。

偏偏當下的氣氛也不適合一派輕鬆地回問師父「那個是指什麼」。不知如何是好的我，只好把手邊所有的工具全拿到師父跟前，可想而知吃了一頓排頭。

*室外用的分趾鞋。

「你這個蠢蛋。我們每天一起做工，你竟然連『那個』是什麼都不知道！」

這畫面乍看之下是不是很熟悉？我也覺得似曾相識。

「就算沒有全部說出口，對方也應該了解我的心情才對。」像這樣的誤解在我們夫婦之間也常發生。**明明講清楚就可以卻故意說得不明不白，還希望對方能了解，說起來不過就是要任性罷了。**

不過，還只是個初出茅廬修行僧的我，從師父的話中卻讀取到其他的訊息。師父所說的「那個」一詞，背後應該有更深刻的意涵。

有智慧便能理解

在佛典《大般涅槃經》中，釋迦牟尼佛曾使用一則稱為「**王索仙陀婆**」的譬喻。

「譬如國王命群臣『取仙陀婆』。這裡的『仙陀婆』其實有四個不同的含義：一是『鹽』、二是『容器』、三是『水』、四是『馬』。這四個東西都稱作『仙陀婆』，有智慧的大臣，應該理解國王的意思。國王若要洗手，就取水來；若上桌準備用餐，便取容器；若正值用餐時，取鹽；若欲外出，則備妥馬匹。能夠這樣理解國王的話，就是有智慧的大臣。」

釋迦牟尼佛藉由這則譬喻想表達什麼呢？

我想，釋迦牟尼佛想表達的無非就是這個意思吧：不管說話者具備何等優異的才能，接收的聽者若缺乏與之相當的能力，所說的內容便無法正確傳達。日常生活中的對話尤其如此。

「對方現在處於什麼狀況？需要什麼呢？」

同事一起工作時也好，夫妻相處時也罷，若不設身處地思考，而認為對方的事與自己無關，是無法理解其想法的。最重要的是，要把對方說的話當成是自己的事。

講到佛法則更是如此。佛典中有許多艱澀難解的語句，如果有淺顯易懂的解說再好不過，但也會遇到解說愈聽愈不懂的情況，這時也只能想辦法提高自己身為聽者的能力了。

就算是難以理解的內容，也要把它當成是釋迦牟尼佛發送給自己一人的訊息。釋迦牟尼佛正命我取「仙陀婆」。而這不僅僅指經典中的語句，我正在經歷的這一刻、這一天，或許就是人生對我丟出的「仙陀婆」。

「該如何度過這一瞬間的生命？」

這個問題沒有正確答案。**我要繼續思考這個問題，度過接下來的每一天。一邊思量玩味今日的「仙陀婆」……**

修行之19——只管勞動，只管吃飯，只管睡覺

一日不作 一日不食

我們仰賴天地生命的力量而活，之所以能夠勞動、吃飯、睡覺，都要歸功於那股超越人類的偉大力量。每一天每一日，都是天地賜予我們的禮物。

印度佛教主張不事生產，嚴格禁止修行僧從事勞務。他們不耕種，因為過程中可能不小心殺害土壤中的蚯蚓，觸犯不殺生戒，且農耕會讓人對作物產生執著心，因此印度的修行僧為捨去各種執著，僅以托缽化緣為生。

直至今日，泰國和斯里蘭卡的比丘（信仰南方佛教的和尚）仍遵循這樣的生活方式。比丘手持鋤頭或鐵鍬，這在當地是難以想像的事。佛教剛傳入中國時，僧侶當然也嚴守此戒律，不過唐代中葉後佛教界日益腐敗，被視為一大問題，據說有一段時間朝廷甚至禁止老百姓對僧侶施捨吃食或財物，許多寺院因此慢慢走向衰亡。

話雖如此，卻有一個人成功將危機化為轉機。他就是名為百丈懷海（七四九～八一四年）的禪僧。

百丈禪師在寫給僧侶的生活指南《百丈清規》中，徹底改革戒律。他表示，從事勞務，也就是身體勞動，才是最適合佛弟子的修行，一百八十度翻轉了一直以來的看法。

而這個思考上的轉向，也與佛教後來的發展息息相關。

從事勞務和吃飯都是佛道修行

想當然耳，百丈禪師自己也下田耕種，就算上了年紀仍勉力從事勞務，令弟子擔心不已。

一天，禪師到工具間去，怎麼找都找不到自己的鋤頭和鐵鍬。看樣子是弟子們藏起來了吧。禪師無計可施，只好回到自己的房間。

到了吃飯時間，卻不見百丈禪師從屋裡出來。弟子前去呼喚時，禪師回以那句有名的禪語：

「**一日不作，一日不食。**」（一天不勞動，就一天不進食。）

後來弟子們當然趕緊把禪師的工具放回原位。

禪師這句話雖然廣為人知，我卻覺得話中真正的意思並未深刻為人所理解。這句話並不是說「不能白吃白喝」。

我倒覺得禪師想表達的是這個意思：食物是天地賜予我們的生命之源。**藉由吃，我們生出行走佛道所需的力量。因此，吃也是重要的修行。**

而從事勞務所需的力量當然也是天地所賜予。**從事勞務這項佛道修行和吃飯一樣重要。**從事勞務並不是為了吃飯，從事勞務和吃飯一樣都是天地萬物賜予我們的禮物。

因此，「一日不作，一日不食」和大家常說的「天下沒有白吃的午餐」從根本上就不一樣，也不是「做多少拿多少」之類交換條件的概念。不是只有付出勞力的人才有飯吃，而是所有人都受惠於天地萬物的力量，得以勞動，得以進食，是這樣的意思。

無法勞動即意味著無法生存。百丈禪師的時代雖然沒有雇用問題，不過或許可以說他頗有先見之明。奪走一個人的工作，等於奪走那個人生存的意欲。

「作」和「食」都是「偉大生命的力量」。我們受惠於這力量，得以生存，得以「活出今日、作出今日」。若刻意用漢文來表示，應該可以濃縮成**「作一日」**吧。

下田耕種最能切身感受天地萬物的力量，只可惜從事農作的日本人似乎愈來愈少了。

只要下鄉，處處可見荒廢的田地。無論是在都市找不到工作，或是已經從上班族生活畢業的人，不妨走入田地，開始耕種吧，這也是深化佛教的修行之一。

因為耕田種地，耕的種的也是自己的生命。

修行之20

一今天只有一次

日日是好日

我們受惠於天地的恩澤而活，一天又一天，想起來真是不可思議。你是否也留意到生命的「珍貴」呢？如果說人生只有一次，那麼今天這個日子也只有一次。應該努力讓今天成為生命中最好的一天。

活躍於中國唐代末期到五代十國的雲門禪師（八六四～九四九年）提供了不少公案的題材。所謂的公案，就像是用來測驗修行僧的題目。

弟子問禪師「佛者何物」，禪師答道「乾屎橛」。

雖然眾說紛紜，不過乾屎橛好像是一種外型類似刮刀的木製工具，專門用來清除糞便。雲門禪師這番話的用意，無非是希望眼光總擺得老高的弟子們能**將視線轉回當下，關注自己所處的日常**。

雲門禪師說過最有名的話是**「日日是好日」**，也有人說「日日好日」，兩種說法皆可，無須太過拘泥。

我先說明這句話的背景。某個月的中日，也就是十五日，雲門禪師對弟子提問道：

「十五日以前的事已經過了，暫且不提；至於十五日以後的事，誰可以用一句話來說明。」

這裡的「十五日」指的是我們現在正在度過的今日。人常被過去的事束縛，擔心煩惱，悶悶不樂。雲門禪師丟出這個問題，究竟想問什麼呢？「與其煩惱已經過去的事，更重要的是接下來該往哪裡踏出下一步」，這才是雲門禪師想問的吧。

然而眾多弟子中似乎沒有任何一個人回答，於是雲門禪師開口道：

「日日是好日。」

這句話相當有名，不過可能不少人都誤解了它真正的意思。**這句話講的並非「開心度過每一天」，沒有這麼簡單**。

說起來，人生不可能每天都開開心心的；日子有好有壞，就像天氣一樣，今天豔陽高照，明天烏雲密布，當然也有颱風下雨的時候。

讓今天成為最好的一天

回過頭來談安泰寺。每到六月，我們就會推著田車沿秧苗和秧苗之間走過，這幾乎成了每天的例行公事。田車是明治時代後日本人發明的智慧產物，是一種用來拔除田裡雜草的工具。接下來幾個月稻株將逐漸成長，趁著耕地時，一邊用田車前端的齒釘淺淺翻動雜草根部，如此不須使用除草劑便可抑制雜草生長。

下雨時田裡一片泥濘，要在泥沼中推動田車相當費力。即便如此，為了種出接下來一年份的稻米，還是得這麼做才行。

度過今天的同時，也必須思考明天，為未來做準備。不過不管是哪一天，現在正在過的「今天這一天」是無可取代的，這一點不能忘記。

我活在今天，而非今天以外任何一個日子。**今天和過去或未來任何一天都是不一樣的**。

我正活在今天，我得以活在今天，這是多麼不可思議又珍貴的事。五月插秧，六月推動田車，正因為有這些累積起來的每一天，才能迎來秋收的日子。而這所有日子當中不管哪一天，在人生中都是絕無僅有的一天。

爲了今天，爲了這一天，竭盡全力讓今天成爲人生中最好的一天……

雲門禪師藉由「日日是好日」這句話所倡導的，不就是這樣的生活方式嗎？

修行之21 — 尋找自己的話語

天上天下唯我獨尊

佛的教誨是拿來用的，是支持自己活下去的力量。世尊和我們一樣是人，也會迷惘，所以對於佛所教導的事，我們更應該用自己的方式解讀，用自己的話詮釋。不要把佛的教誨當成高高在上、與己無關的教條，試著獨自面對，仔細思考。

你知道釋迦牟尼佛降生到這個世界上，開口說的第一句話是什麼嗎？想當然耳不會是「喧譁上等、夜露四苦＊」。世尊說的不是這個，而是下面這句話：

「**天上天下，唯我獨尊**。」

可不能小看世尊哪。

這當然是玩笑話。就算貴為世尊，剛出生的小嬰兒不可能開口就說「天上天下，唯我獨尊」。這則傳說就跟九成九的佛典一樣，是虛構的故事。

不過，**這類故事被杜撰出來是不爭的事實，問題在於，我們如何看待這個事實**。應該有不少人未經思考便接受了這個說法，心想「不愧是偉大的世尊」，又或者感到不快，心想「哪有人這樣吹捧自己的」。

像我這樣性格扭曲的禪僧從以前開始就不少，譬如中國有名的公案集

＊日本暴走族用語。「喧譁上等」意指「吵架最在行」，「夜露四苦」發音同「よろしく」，即「請多指教」。

《碧巖錄》中收錄了雲門禪師以下評論：

「釋迦老子，初生下來，一手指天，一手指地，目顧四方云：『天上天下，唯我獨尊。』雲門道：『我當時若見，一棒打殺，與狗子喫卻，貴要天下太平。』」

（釋迦牟尼佛出生時，一手指著天，一手指著地，環顧四方之後說：「不管天上天下，只有我一個人是尊貴的。」對此雲門說道：「如果我在場的話，應該會一棒打死他再拿去餵狗，如此才有助於天下太平。」）

世尊的發言固然令人嘆為觀止，雲門禪師卻也不遑多讓。我性格再怎麼扭曲，也知道不能把還是小嬰兒的世尊拿去餵狗。雲門禪師這番話應該也不是認真的，總之這是唐代的禪風。

同一個時代的臨濟禪師也說過這樣的話：

「逢佛殺佛，逢祖殺祖！」

用自己的話仔細玩味

殺佛、殺祖意味著超越佛陀、超越各宗派祖師。沒錯，就連臨濟禪師、雲門禪師都得超越。中國宋代的宏智禪師（一〇九一～一一五七年）說過這樣的話：

「雲門居亂思太平，打殺不妨將餧狗。指東話西，將無作有。惡水潑君君莫嗔。而今。看爾如何受。」

（雲門居於亂世，說是為了天下太平不得不殺嬰餵狗。好比指著東談論西，把無當成有。他往佛陀身上潑灑泥水，佛卻不生氣。好了，你怎麼看這件事？）

這個問題與其說和佛陀有關，倒不如說是對我們每一個人發出的提問。如果今天是你被潑灑泥水，你會怎麼反應呢？

自己的答案只能自己尋找。針對這段話，大約五十年前擔任安泰寺住持的澤木興道老師是這麼思考的：

「不需要因為是屁眼就覺得自己骯髒，也不用因為是腳就覺得自己低賤。不是說頭最了不起，肚臍眼也不用因為位於身體中心就耍威風。總理大臣最偉大，這樣的想法實在很有問題。鼻子不能代替眼睛，嘴巴不能代替耳朵，所有的部分都是天上天下唯我獨尊。」（《問禪》，櫛谷宗則編）

對於禪僧這樣的解釋，應該有人會大感不解，心想：「未免太偏離原意了吧？就算解讀正確，用字遣詞實在太不雅了！」或許是這樣沒錯，不過，**如果不將「天上天下，唯我獨尊」這句話從世尊的高度拉低到凡夫俗子的世界，並用自己的話解讀，佛經中的文字對我們來說將不具任何意義，只是無關痛癢的存在。**

佛教的語言文字不是用來崇拜的，應當把它看成生存的養料，善加利用。

修行之22

不存在「同一片天空」

一期一會

用心過好只存在於「現在」的「這個瞬間」，如此一點一滴累積，便能讓只存在於「今天」的「這一天」變成最好的一天。不僅珍惜與人的相遇，更要用心投入所有的行為，活出不同於昨日的今日之「我」。

「一期一會。」

這個詞直接表現出禪的本質，應該沒有日本人沒聽過。

然而，「一期一會」這個詞的歷史出乎意料地短，似乎是來自千利休弟子的著作中「若一期一度之會」，據說是幕末大名井伊直弼將這句話以更簡潔的方式表現出來。

「一期一會」在日本自不待言，如今在歐美也以「Ichigo-ichie」廣為人知，這個和製禪語近來在中國也漸漸為人知曉。「一期一會」之所以人氣高漲，與其說是大家對禪產生興趣，似乎更是因為日本動漫中經常出現這個詞，受此影響罷了。

言歸正傳，「一期一會」是什麼意思呢？「一期」指人的一生，因此「一期一會」就是一輩子僅只一次的相遇。

「可以像這樣相聚，今天或許是最後一次了。今後也想永遠保持聯繫，為此更要視這次的相聚為最後一次般，珍惜當下的時間。」

一般對於一期一會的解釋多是如此。這樣的解讀方式沒有錯，只不過我覺得不夠完整。

從佛教的角度來看，每個瞬間都是最後一次，沒有「或許」。**現在這個瞬間稍縱即逝，絕對不會重來**。

舉例來說，你今天早餐吃了什麼呢？味噌湯和白飯？還是吐司配咖啡？你或許會說，就跟平常一樣。不過所謂的「一樣」根本就不存在。

味噌湯的濃淡、吐司的酥脆程度、咖啡的香味等等，每一次都是獨一無二、無法重現的味道。

我們沒有注意到這一點，才會以為「就跟平常一樣」。

今天不是昨天的延續

踏出家門後急急忙忙上路，連抬頭看天空的閒情逸致都沒有，應該有這樣的人吧。這是因為每次抬頭，頭頂上出現的總是「同一片天空」。但實際情況是，每一次看到的天空都不一樣。**晴朗的天空也好，多雲的天空也罷，你的頭上從來不會出現一模一樣的天空**。你只是沒注意到而已。

新年期間懸掛的月曆上經常可看到「年年歲歲花相似，歲歲年年人不同」，這兩句漢詩的意思是「每年花一樣地開，但賞花的人卻不同」。

有剛來到這個世界的小嬰兒，也有已經作古的人；去年還是小學生的孩子升上國中，大學生畢業進入社會；有人結婚，也有人離婚。

可以確定的是，人每年都在改變，但不是只有人改變。我所在的安泰寺的庭院中，同樣的紫陽花不會開第二次。

今年不是去年的延續，同樣地，今天也不是昨天的延續。

帶著「和平常一樣的心態」度過「和平常一樣的每一天」，你是否已經對這樣的生活感到厭倦了？

要讓只有一次的今天變成最好的一天，就必須用心對待所有遇到的人事物。**用全新的眼睛觀看一切，用全新的耳朵聆聽一切，把一切都當成是每一個瞬間的「生命」，仔細玩味，用心生活，**這便是「一期一會」一詞中所蘊含的祈望。

修行之23——凝視你心中的「佛」

佛

佛在何處?佛在「此時」、在「此處」;佛存在於你活著的這個瞬間、這個場所。一切眾生皆為佛。佛早已「存在」於我們的「心」中。

「如何是**佛**？」

此一探詢「佛者何物」的提問，充分展現出禪的企圖。

至於禪僧的回答也是因人而異，其中有不少聽起來答非所問、莫名其妙的答案。

「佛者，蝦蟇蚯蚓。」（所謂的佛就是蟾蜍或蚯蚓。）

道元禪師如此表示。

針對同一個問題，中國的雲門禪師則回答：

「乾屎橛。」

前面也提過了，此處的乾屎橛似乎又稱為刮糞刀，在過去是一種專門用來清除糞便的工具。

佛教顧名思義即「佛之教誨」，因此如果不知道「佛」的意義爲何，不可能理解佛教。現在在日本若提到佛教，應該不少人腦海裡最先浮出的是佛寺吧。

至於佛，首先指的就是鎮坐於佛寺中央的佛像「本尊」，其中不乏被指定為國寶或重要文化財者，諸如此類木製或金屬製的佛像毫無疑問是偉大的佛。

此外，許多日本人家裡設有佛壇，供奉於佛壇中的「先祖」也是佛的一員。日本人把先祖視為「佛」，在心中追思懷想，如此豐富的心靈生活確實值得讚許，只不過，**佛教並沒有說人死後就會成佛**。

佛的語源來自梵語的「buddha」，意指覺醒之人。不用說大家也知道，此處的覺醒之人指的就是兩千五百年前於菩提樹下悟道的釋迦牟尼佛。不過，我們已經無法一睹這位佛的廬山真面目。

道元禪師在《正法眼藏》的〈生死〉一卷開頭如此寫道：

「生死之中有佛，則無生死。又云：生死之中無佛，則不迷生死。」

禪師在此處分別介紹夾山與定山兩位中國禪僧的法語，兩人所說的內容乍看之下卻是互相矛盾的。

一人說：

「只要『生死』的世界中有佛，人便能從生死的痛苦中解放。」

另一個人補充道：

「不對，正因為先假設有『佛』這個不必要的存在，人才會為生死所迷惘。」

佛確實存在

那麼再問一次：何謂真正的佛？

既非尋找已入滅的世尊行蹤，講的也不是佛像，指的當然更不是自己的先祖。處於生與死之間的我們，如何才能聽聞活生生的佛帶來的教誨呢？

這才是問題所在。願意對生活在二十一世紀的現代人宣說佛法的真正的佛，難道不存在嗎？

「存在！」禪如此說道。

現在你正在活著的這個瞬間，佛確實存在著。

真正的「佛」不假外求，必須在當下從你的腳邊尋找。因此你不需要落髮為僧尼，也無須披戴袈裟。重點不是形式，而是你的心。舉例來說，**安泰寺的參禪者在田裡抓青蛙，弄得滿身是泥，這是佛；吃飯、如廁也是佛。**

表現在各種行為的佛之心，道元禪師在〈生死〉一卷最後以具體的文字說道：

「成佛有最易之道。莫作諸惡，無有執著生死之心，為一切眾生甚深哀憫，敬上憐下，不厭萬事，不有所盼，心無所思，亦無憂慮，是名為佛，莫更向外求。」

成佛極為簡單。**不做壞事，不執著於生死，對一切眾生懷抱慈悲心，珍視他人。放下「喜歡！討厭！」的自我，自由自在地活。如此便是佛，除此之外無法外求。**

修證一等

人生有所謂的「最終目標」嗎？達成最終目標的人，接下來的人生目標又是什麼？重點不是目標，而是一步一步走過的過程，過程才是無可取代的人生。這道理聽起來簡單，卻常常為人所遺忘。

一個炎熱的夏日，住在中國麻浴山的寶徹禪師正在用扇子搧風，這時來了一名修行僧，向他問道：

「風的本質不過就是空氣，而空氣無所不在。您四周也都是空氣，既然如此，何必特地用扇子搧風呢？」

這問題有點奇怪吧。就算四周有再多空氣，如果不用扇子搧風，絕對不可能變涼快。這麼簡單的道理修行僧一定知道，他應該是把佛性比喻成空氣，把修行比喻成用扇子搧風，藉此詢問佛性與修行的關係吧。

佛教說，一切眾生皆具佛性。不論你我，世界上每一個人本來就都是佛。

既然人人皆佛，為什麼還要特別發心立願、皈依佛教並致力於修行呢？修行僧想問的，應該是這個問題吧：既然本來就具有佛性，為什麼還需要修行呢？

寶徹禪師這麼回答：

「空氣無處不在，這道理你很清楚；不過，空氣是如何化成風的形式出現，這道理你似乎還不懂呢。」

換句話說，修行僧知道人人皆有佛性，但並不清楚佛性如何藉由修行顯現出來。修行僧於是又問：

「請告訴我空氣如何化成風的形式出現。」

寶徹禪師沉默不語，繼續用扇子搧風。實在很像禪僧會有的反應。

修行僧見狀亦沉默不語，合掌行禮。

這是收錄於道元禪師《正法眼藏》一書中的公案，想傳達的無非是「**修**

證一等」的道理，也就是修行和證悟（佛的悟道）乃一體兩面，互為表裡。不修行便無法成佛。

講到這裡還算清楚易懂，不過話只講了一半。

佛教的目的在於成佛，為此必須不斷修行。只要累積了足夠的修行，總有一天就會成佛。一旦成佛，就不需要繼續修行了。

這樣的想法乍看之下似乎說得通，其實大錯特錯。

正因為是佛才要修行

我想請各位再思考一下剛才空氣和風的譬喻。

要搧動多少空氣才會產生風呢？沒錯，只要搧動空氣，馬上就會吹來涼風（風不是漸漸變涼，也不是搧了一陣子後突然變涼）。一旦停止搧動，風也會馬上停下來。風無法保存。搧動空氣和涼風吹拂，其實是同一個作用的表與裡。

修行和佛性也是一樣。人在修行的當下就已經是佛了。**不是為了成佛而修行，是因為本來就是佛所以不得不修行**。修行不是為了遙遠的將來，也不是為了成佛。但若因此而認為「既然已經是佛了，不用修行也無所謂吧？」原有的寶貴佛性也會化為烏有。

江戶時代的和尚面山瑞方（一六八三～一七六九年）曾用「一寸坐禪一寸佛」形容修行與佛性的關係。

這句話的意思並不是「稍微打坐，稍微成佛」。

只要現在開始每天累積一點修行，三十年後就可以成功達標，接下來就輕鬆了，可以每天躺著發懶，什麼事都不用做！

不對，禪並不是這樣說的。

只要實踐佛道一天，在那一天你就是佛。實踐一個小時的佛道，那一個小時之間你就是百分之百的佛。就算只實踐一分鐘的佛道也一樣。

只要這一生持續累積每一個瞬間的修行、每一個走過的步伐，那便是實踐了「修證一等」的佛道。

修行之25

無法較他人早一步成「佛」

自未得度 先度他

「自己優先」的想法會將我們困在「迷惘之岸」。此執念一天不去除，就一天無法抵達「悟道之岸」。自己的事情先放一邊，發心為他人做些什麼。這樣的想法形成巨大的「連鎖反應」時，這個世界就會變成悟道的世界。

大乘佛教特別重視菩薩行。所謂的菩薩就是不入涅槃，自願留在生死輪迴的苦難世界，發願拯救迷惘之人。這裡的拯救是指將眾生從迷惘之岸引導到悟道之岸。根據佛教的說法，菩薩分為三種：

第一種是自己一人乘船渡河，抵達悟道之岸的菩薩。這位菩薩確認悟道之岸的位置後，才竭力協助迷惘之人渡河前往。

還有一種菩薩則等不及將眾生送往悟道之岸。這位菩薩一開始就讓許多人上船，打算一起前往悟道之岸。就算有人說「一次載這麼多人，船搞不好會沉」，菩薩也不放在心上。船若沉了，大家就一起沉沒，這位菩薩的本意就是如此。

最後還有一種讓人感到意外的菩薩。這位菩薩自己不渡河，一心只想幫助眾生抵達悟道之岸。這種菩薩心以佛教用語來說即「**自未得度先度他**」，也就是「自己沒有得度，先度他人」。**換句話說，就是「不能比他人早一步成佛」之意**。

悟的不可思議機制

雖說第三種菩薩才是真菩薩，不過仔細想想不覺得哪裡奇怪嗎？如果先到悟道之岸，等眾生抵達時便可引導眾人上岸不是嗎？又或者，如果和眾人一起乘船渡河，不就可以一起抵達悟道之岸？然而自己不渡河，只想協助他人前往悟道之岸，怎麼有辦法做到呢？一般來說，人都是先得救之後，行有餘力才對他人伸出援手不是嗎？

會出現這樣的疑惑再自然不過了。

不過，正是這種「自己優先」的想法將我們困在迷惘之岸。只要一天不去除「自己優先」的執念，就一天無法抵達悟道之岸。反之，在「自未得度先度他」的菩薩願中便可發現悟。

這就是悟不可思議的地方。**自己的事先放一邊，發心爲他人做些什麼，這樣的想法本身就是悟**。

那麼，我們能為他人做的最好的事是什麼？那便是讓他人也生起「自未得度先度他」之心。道元禪師在《正法眼藏》的〈發菩提心〉一卷中如此說道：

「發願自未度前先度一切眾生之營為也。雖其形陋，然若發心，則已是一切眾生之導師也。」

（自己得救前，先努力發心拯救一切眾生。縱使心意微薄，能發心者已是整個社會的導師。）

「謂利益眾生者，即令眾生發自未得度先度他之心也。」

（所謂對眾人有益的事，便是令他人也生起「把自己放一邊，先拯救他人」之心。）

接觸到「他人優先」想法的人，或許也會生起同樣的想法，如此一來便會產生「自未得度先度他」的連鎖反應。因此，**想要實現全人類與地球衆生、宇宙萬物彼此調和、共同生活的社會，第一步便是發起「自未得度先度他」之「心」**。

好像想得太遠了，不過，什麼時候會有人願意踏出這第一步呢？又會是誰呢？不用說，當然就是從現在、從自己開始。現在開始踏出這趟旅程的第一步。只要這一步能持續累積成百步、千步、萬步，總有一天會和千億人的腳步相通。我懷抱著這個願望，今天也和安泰寺的參禪者交換意見、切磋琢磨。

生死即涅槃

不要害怕「生死」，不要欲求「涅槃」。放下自己的想法時，我們便從苦難中解脫，進而注意到存在於眼前、身邊乃至於手中的「涅槃」。不逃避，不追逐，接受自己的人生，繼續活下去。

基督教相信天堂的存在，認為只要生前嚴格遵守神訂下的戒律，死後便可以上天堂。反之，若背棄了神，死後會下地獄。死後上天堂或下地獄，全憑神的一念決定。

佛教沒有這樣的想法，因為從古印度時代以來，佛教便相信生於這個世界的人，死後會轉生至六個世界的其中一個世界，稱為「六道輪迴」。

六道分別是：

「天上道」（眾神居住的樂園）
「人間道」（我們人類居住的世界）
「修羅道」（戰禍不斷，充滿憤怒的世界）
「畜生道」（吃、睡等動物本能的世界）
「餓鬼道」（飢渴永遠無法滿足的世界）
「地獄道」（苦難接連不斷的世界）

六道之中雖然有「天上」也有「地獄」，但其概念與一神教大為不同。首先，神不會對人類進行篩選。人死後往哪個世界去，全依個人生前所造的業決定。說起來就算貴為神明，也只能存在於六道中。只要累積足夠的功德，人也可以變成神；神如果自甘墮落，也會變成餓鬼。

沒錯，神也活在一個自作自受的世界。上述六個世界並非永遠不變，都只是〈業之劇場〉中的一個場景罷了。**天上道和地獄道說穿了都屬於「這個世界」，只不過分別是這個世界之中的不同風景罷了，佛教並沒有「那個世界」的概念**。

可能有人會說「希望下次轉生到好一點的世界」，不過輪迴轉生無止境，從這點來看，投胎轉世這件事本身就讓人提不起勁。只是一生或二生倒也還好，如果永遠都得在〈業之劇場〉軋一角，心中不免會想，是不是有什麼方法可以從輪迴中脫離。針對這個切實的想望，佛教告訴我們，**只要去除執著，業的種子也會跟著消失，如此便無須再次輪迴於六道之中**。

這就是佛教所言、名為「解脫」的脫離之道。釋迦牟尼佛要我們向天堂和地獄說「再見」。

「生死」和「涅槃」互為表裡

六道輪迴的世界在梵語中稱為 samsara，漢譯為「生死」。從 samsara 解脫的人則得 nirvana，也就是「涅槃」。

「生死」就是生、老、病、死的世界，是我們每天活著的世界，無須特地說明。

問題在於「涅槃」的內涵為何。或許有人會把涅槃想成天堂、極樂世界，因而很容易就認為佛教徒的目的便是脫離「生死」之苦，獲得「涅槃」之樂。

但事實並非如此。「生死」和「涅槃」其實是一體兩面、互為表裡。

道元禪師在《正法眼藏》的〈生死〉一卷中如此描述生死和涅槃的關係。

「若人於生死之外求佛，則如北轅向越，南面看北斗。愈聚生死之因，更失解脫之道。但解生死即涅槃，無生死可厭，無涅槃可願。是時始有脫離生死之分。」

（在「生死」之外求佛，就好比在北方尋找越南，在南方的天空尋找北斗七星一樣。「生死」的種子愈聚愈多，離解脫愈來愈遠。意識到「生死即涅槃」，不以生死為苦，不欲求涅槃，這樣就可以了。唯有如此才能從「生死」解脫，獲得自由。）

「生死」之所以苦，是因為自己把生死當成苦難看待。一心想要逃離生死之苦，生死之苦卻緊追不放；反之，一心追求「涅槃」，涅槃卻離我們遠去。**唯有徹底停止這無謂的逃離與追求，我們才能在這個世界上發現「涅槃」。因爲接受就是解脫。**

關於這個發現，道元禪師在〈生死〉中如此形容：

「此生死者，即佛之御命也。」

我們一直向遠方探求的東西，沒想到近在眼前！

修行之27——不要緊抓著「我」不放

百尺竿頭進一步

「我」的作風、「我」的立場、「我」的想法、看「我」方不方便……，諸如此類的「我執」下定決心全部放下吧。就算你認為自己是對的，一定還有別的看法。不要緊抓著手中這根竹竿不放，拿出勇氣眺望其他風景。

禪的修行沒有止境。不論到達多高的境界，還是得繼續向前進。就算登上一心想要攻頂的山峰，另一頭仍可見到其他更高聳的山岳。又或者下山再度回到地面，回到這個世界上數不盡的苦難聚集之地，這也是修行。倘若有人說：「走到這一步就得悟了，終於完成修行了！」這人應該連「悟」字的邊都沾不上。

師父經常用一句話來勉勵弟子：

「**百尺竿頭進一步**。」

這是出自中國宋代佛教書籍《景德傳燈錄》的禪語。

若登上長達三十公尺的竹竿，任誰都會緊抓竿頭不放吧。然而，這句話卻是用來勉勵登上竿頭的人「再往前進一步」。

這句話經常被解讀成「精益求精，好還要更好」或「拚命努力」的意思，著重精神層面的意涵，但其實原意並非如此。

我想應該不會有人爬上旗桿頂端等高處，當然有起重機的話另當別論。在安泰寺更換屋瓦時，我們會爬上屋頂，砍樹前也會爬到大樹上，裝設手動式捲揚機的鋼索。這種時候熟知危險的人反而會注意安全。雖然是相當熟練的作業，還是戴上安全帽，綁上安全繩。對爬上高處作業的弟子，我絕對不會要他們帶著「必死的決心」工作。我會這樣說：

「會害怕就絕對沒問題。你覺得『沒問題』的時候反而要小心！」

不論是自認已經獲得的禪悟，或是平日的修繕清掃等勞務，掉以輕心那一刻最危險。「百尺竿頭進一步」這句禪語並非只是要人一股腦兒地苦幹實幹。

從「我……」開始的句子

話說回來，「百尺竿頭進一步」真正的意思到底是什麼？這句話不只是對修行的人說，而是要活在世界上的每一個人，在百尺竿頭處更「進一步」。容我說明如下：

「百尺竿頭」是我們死命抓住不放的竹竿前端，換言之就是個人主張的表現，會以「我……」這樣的句子出現。各位身邊應該有很多人常把「我的作風」、「我的立場」、「我的想法」、「對我比較方便」等話語掛在嘴邊吧。不只是各位身邊，我就是個活生生的例子。

「百尺竿頭進一步」講的不是爬樹，也不是作業現場。生活在社會上的我們，每一個人都坐在名為「我……」的竹竿上，從百尺高處俯視四周，既不打算下來，也沒有想要往前進……，充分反映出我們執著於「我」的姿態。

放下想法，**離開「我」這個框架，這才是「百尺竿頭進一步」想傳達的意思**。

對周遭的人多一些理解，主張自己的意見時，先站在別人的立場想一想。如此一來，一定可以看到生活中不同的風景。

修行之28——不為所有的行為區分優劣

色即是色
空即空

此時、此處，言語無法形容的無限力量正在運作。萬物皆因這股力量的運作而得生存。「我」過「我」的人生，「你」過「你」的人生，能夠以原有的樣貌活著時，便會注意到那無限之存在。

道元禪師所著的《正法眼藏》一書中，最早完成的是〈摩訶般若波羅蜜〉一卷。禪師於三十一歲時年紀輕輕便完成該卷，內容是他對《般若心經》的獨特見解。

沒錯，現在我們稱為祖師、在過去德高望重的和尚都將佛教經典當成「自己的人生地圖」，以這樣的方式閱讀經典。

介紹道元禪師的見解之前，先認識一下《般若心經》是一部什麼樣的經典。

現在提到《般若心經》，大家都知道是一部很受歡迎的佛經，不過《般若心經》原來是一部打破傳統、前衛創新的經典，容我說明如下：

《般若心經》出現以前的經典，一般都以「如是我聞」四個字起始，意思是「我聽世尊如此說道」。雖然有時會出現世尊的弟子舍利弗（舍利子）或目連說法的場景，但他們不過是配角，主角不用說就只有世尊一人。

然而，《般若心經》一開始突然就以「觀自在菩薩……」展開。換言之，主角是觀自在菩薩。

觀自在菩薩後來也出現在《法華經》中，是一位慈悲為懷的菩薩，不過公認最早的佛經《巴利三藏》中並不見觀自在菩薩之名。換言之，《般若心經》以一位沒沒無聞的菩薩而非世尊之名起始，這在當時是前所未聞的事。在這部經典中，連釋迦牟尼佛的「釋」字都沒出現。

《般若心經》在「觀自在菩薩」之後緊接著出現的是「行深般若波羅蜜多時」，這又是另一個革命性的話題了。此話怎講，原來觀自在菩薩不同於其他佛弟子，並不只是靜靜聽聞世尊說法而已。透過深入實踐，觀自在菩薩試圖達成（即「波羅蜜多」）最高境界的智慧（即「般若」）。

正是在實踐的當下，觀自在菩薩了悟到「照見五蘊皆空，度一切苦厄」（所有看到、聽到的一切都是空）。

觀自在菩薩向人稱「智慧第一」的「舍利子」大聲疾呼，並否定佛教對於「色」與「空」的一切既定概念。

前面的章節已經詳述《般若心經》中有名的「色即是空，空即是色」一句，這裡再次簡單地整理一下。

一切事物（色）最後都是空，但不僅止於此，因為空的存在，一切事物才得以成立，這句話講述的就是這樣的道理。換言之，就是將言語無法形容的無限力量暫時稱為「空」，因此眼前的桌子、椅子，都可以看到空化為具體的形狀出現；你和我其實也都是活在「空」之中。

《般若心經》中將明見此道理的智慧稱為「般若」。

「色」與「空」並無不同

言歸正傳，當時年紀尚輕的道元禪師是如何解讀《般若心經》呢？可以用「**色是色，空即空**」六個字來表現。

理由容我說明如下：

道元禪師最關心的是佛法如何表現在日常生活中。對他而言坐禪、勞動、吃飯等全部都是修行。洗碗、打掃、如廁也都是佛道的實踐。在禪寺裡甚至連休息都被視為佛的行為。

既然日常生活就是修行，那麼生活中的行爲便沒有優劣之分。坐禪不比勞動高尚，讀經也沒有比打掃重要。打坐時只管打坐，吃飯時只管吃飯，修行便在這些行為中完成。

然而若只照字面看「色即是空，空即是色」，「色」與「空」就成了不同的存在。看得到的色、看不見的空；有限的現象、無限的實物，如此一來很容易就會認為在坐禪和勞動之外，在某個地方好像還存在著不同的「佛法」。

為了打破這樣的誤解，道元禪師於是提出「色是色，空即空」的說法。坐禪不能代替勞動，勞動也無法取代坐禪；你不能代替我過我的人生，我自然也無法替你過你的人生。

我是我，你是你。**我安住於我自己，你安住於你自己，此時空就會是空，就存在於「當下」。**

修行之29——學習佛法，並付諸實踐

嗟末法
惡時世

現在正是末法之世，是不可能「得悟」的黑暗時代。難道因為這樣就放棄學習佛法、實踐佛道嗎？我們每一個人的「行為」會改變這個世界。側耳傾聽佛之教誨並踏上佛道時，全新的正法時代便由此展開。

這句近於嘆息的話語出自永嘉玄覺（六六五～七一三年）的《證道歌》：

「**嗟末法，惡時世**，眾生福薄難調制。」

（唉，此末法之惡世。眾生無德，恣意妄為！）

大約從平安時代後期起，大部分日本人漸漸相信這世界已經進入末法時期。淨土宗的宗祖法然上人（一一三三～一二一二年）和淨土真宗的宗祖親鸞聖人（一一七三～一二六二年）的思想遍及全國上下，也是這個時候的事。

然而，永嘉玄覺卻早在那之前好幾百年就已發出喟嘆。末法時期到底從什麼時候開始？這一點至今仍眾說紛紜。

佛教中有「正法」、「像法」、「末法」三個時期。

據說正法從世尊入滅後持續了五百或一千年。這段時期聆聽世尊教誨是理所當然之事，實踐（修行）並實證（得悟）教誨也是可能的。

正法時期之後，接下來五百或一千年是像法時期。這段期間世尊的教誨及教誨的實踐徒具形式，最重要的內涵「悟」已不復見。

接著是末法時期。世尊入滅一千年後進入末法時期，有一說是一千五百年後，也有一說是兩千年後，起始點依各家說法而有不同。末法時期持續一萬年之久，換言之，現在應該正處在末法時期。在末法時期，佛教經典和寺院建築都還保留著，亦可見身披袈裟的和尚。然而從這些人事物上看不到「悟」，也不見絲毫想要實踐佛道的心。

反映出一己生活方式的佛法

生活在末法時期的人無法成佛。或許活在世尊的時代的人可以做到，不過現在的人無法修行也無法得悟，這是末法的思想。

不過，我認為永嘉玄覺想說的並非如此。**不是因爲進入末法時期而無法成佛，是因爲沒有想要成佛，才會進入末法時期，這是禪的主張**。法的「正」、「像」、「末」的差異取決於自己。若心中沒有「聽聞佛之教誨」的念頭，那麼不論活在哪個時代都是末法。同樣地，聽聞佛法後卻不思實踐，那麼便是活在像法之中。

空有文字的佛法說起來不過是複製品罷了。

永嘉玄覺如此反省。他所感嘆的「恣意妄為」絕對不是在影射他人。《證道歌》中，接著還有以下這一段：

「吾早年來積學問，亦曾討疏尋經論，分別名相不知休，入海算沙徒自困，卻被如來苦訶責，數他珍寶有何益。」

（我從年輕時不斷累積知識，苦讀經典及經典注釋本。就好像入海計算沙數之人，我分析經典的文字語句，一刻也不停息。很長一段時間，我只是持續進行這無意義的工作。有一天，我終於聽聞如來的斥責：「計算他人的珍寶，意義何在？」）

年輕時的永嘉玄覺是個勤奮向學的禪僧，然而他所習得的學問，很容易就流為打發時間的工具，和自己的生活沒有太大關係。就算習得佛教教誨，若無法反映在自己的生活上，充其量不過就是活在像法、末法之中而已。

正法並非已結束於過去的時代，而是我們接下來必須實現的時代。**聽聞佛法並迅速付諸實踐，全新的正法時代便由此揭開序幕。**

修行之30——跳入水中，學會游泳

現成公案

只有我自己能解決「我」的問題。譬如工作上的煩惱、家庭問題、人際關係的繁瑣等問題，答案全都在問題之中。所以不要害怕，不要逃避，只管迎向問題就是了。

提到公案，或許有人會認為是榮西禪師（一一四一～一二一五年）傳到日本的臨濟宗的專利，其實道元禪師引進的曹洞宗也會參究公案。據說道元禪師從中國出發回日本前一夜，曾通宵抄寫臨濟宗的公案集《碧巖錄》。

此外，道元禪師為撰述傾其畢生心血的大作《正法眼藏》時蒐集了不少公案，後來他將這些公案另外集結成冊，寫成公案集《正法眼藏三百則》。上述《正法眼藏》第一卷的卷名即為「**現成公案**」。

「現成公案」有時也會寫成「見成公案」，在中國似乎從很早以前就開始使用這個詞了。例如有個修行僧前去拜訪某位師父，修行僧尚未開口，師父便這麼對他說：

「見成公案，放汝三十棒。」

這裡的「見成公案」指的是眼前的問題、自己的問題，因此我將這句話解讀為：「問題現在就在那裡。本來該是要打你三十棒的，這次就饒了你。」

修行僧提出各式各樣的問題之前，自己本身就已經有問題了。

那個問題在哪裡、以什麼樣的形式表現出來呢？或許修行僧無精打采的眼神洩漏出他正為了什麼事情困擾，又或是他行不成步。不，他會去拜訪師父這件事本身或許就表示「有問題了」。

自己的問題自己解決

人正因為想要設法解決自己一生的問題，才會進入佛門修行，我自己也是這樣。因此，我們或許可以說，沒有問題卻出家追隨師父腳步的人首先就不存在。

但若希望師父可以幫忙解決問題，那就大錯特錯了。**自己的問題只有自己能回答**。如果不是自己的答案，問題是沒辦法解決的。

就算師父回答了，那也是師父的答案，無法變成自己的答案。

因此，「見成公案，放汝三十棒。」這句看起來冷漠的話語，其實是苦口婆心勸戒修行僧：「那是你自己的問題，你得自己解決。」

道元禪師更進一步探究「現成公案」一詞的意義。他在《正法眼藏》中提及魚、鳥自由自在生活，接著如此說明：

「魚游水中，水無際涯；鳥飛空中，天無界限。〈中略〉倘若魚窮究水後而游水，鳥窮究天後而飛天，則於水於天皆不得道，不得處。若得此所，則此行李隨之而現成公案；若得是道，則此行李隨之而現成公案。」

我試著用不是那麼嚴謹的方式翻譯成現代文：

「魚在水中游時，水沒有邊際；鳥在空中飛時，天空沒有界線。如果魚非得要窮盡海水才游水，鳥非得要窮盡天空才飛翔，那麼不管經過多久都無法游水，無法飛翔。此時，此處，只管游水，那就是現成公案；此時，此處，只管飛翔，那就是現成公案。」

這時的「現成公案」不單單只是「問題的表現」，而是「迎向問題時所出現的解決之道」。

小時候第一次進到很深的泳池時相當害怕，懷疑自己到底有沒有辦法在水中好好游泳。**如果想等到學會游泳才進泳池，不管經過多久都沒辦法下水的**。總之先往水裡跳，在水中揮舞手腳，奮力掙扎，再吃進幾口水，最後終於學會游泳。

解決人生的問題也是一樣。**此時、此處，唯有放下自己，縱身跳入名為人生的無垠大海，問題的解決之道才有可能浮現**。

誓願

佛陀發願救度一切眾生。我們也要對佛陀立誓，誓言拯救他人，誓言捨棄欲望，誓言勤學精進，誓言登峰造極。最後，還要對佛陀立誓，承諾我們將不斷反省渾渾噩噩度過的每一天。

法藏菩薩的故事為佛教發展帶來革命性的衝擊。

法藏菩薩出現在《無量壽經》中。根據這部經典的內容，法藏菩薩生存的年代遠比釋迦牟尼佛來得早。他和世尊一樣生為某個國度的王子，為了從苦難中解脫而決心出家。不過，法藏菩薩和世尊有一個很大的不同。

世尊發菩提心而修行，最終成佛而入涅槃。那時，世尊尚未發願拯救一切眾生。

然而法藏菩薩出家之際，便已立下四十八個「**誓願**」，其中最廣為人知的是第十八個誓願（有一說指日文中表示一個人最拿手技能的「十八番」一詞即源於此）。

第十八個誓願內容如下：

「若誦念我的名號，即便僅只十次，必使往生極樂淨土。若未使往生極樂淨土，我亦不會成佛，在此立誓。」

法藏菩薩成佛前便已發願救度一切眾生，之後經過漫長的修行，終得其願而成佛。時至今日，法藏菩薩仍以阿彌陀如來之名，依願為救度眾生努力不懈。法藏菩薩的故事結束於此。

以日本為首，相信法藏菩薩的誓願而誦念「南無阿彌陀佛」的習慣至今之所以在東亞許多地區仍廣為盛行，也是因為這個故事而來的。

法藏菩薩的這則軼事怎麼說都只是個故事而已，並非歷史事實，不過從中可以發現一個重點，那就是不能想著只有自己獲救就好。說起來，倡導「無我」的佛教不可能有「只屬於我的救度」的想法。**只要自己好就好，抱持這樣想法的人不可能成佛**。

不過仔細一想，先有「法藏菩薩的誓願」，再有「阿彌陀如來的救度」，我覺得多少有點不可思議。怎麼說呢？因為「阿彌陀」的原語梵語 amita 是「永恆的生命，無限之光」的意思。

光憑一人之力，再怎麼努力照理說都不可能成為永恆，所以我才會想，

「誓願」和「救度」的前後關係是不是反過來了。

法藏菩薩並不是因為誓願而「成為」阿彌陀如來，而是在阿彌陀如來的呼喚下，法藏菩薩才立下誓願。在「救度一切眾生」的誓願中，可感受到超越法藏菩薩此一個人的永恆之命的聲音。

在安泰寺也會誦念的誓願

誓願在禪的世界裡也至關重要。在安泰寺平日會誦念「四弘誓願」，即以下四個誓願：

「眾生無邊誓願度」（苦難之人多不勝數，誓言拯救一切眾生。）

「煩惱無量誓願斷」（欲望無窮煩惱無盡，誓言斷除一切煩惱。）

「法門無盡誓願學」（佛之教導深不可測，誓言窮究一切教誨。）

「佛道無上誓願成」（佛道之巔凡人難及，誓言登上佛道巔峰。）

仔細一想，單憑一人之力不可能救得了十方眾生。那麼退一步好了，如果只要求斷除欲望呢？不，光是要人學習佛教這一點或許就很難辦到了。即便如此，**只要有「就算只有我一個人的力量也沒關係……」的想法，便已經是立下拯救苦難眾生的誓言了**。

說起來，正因這個誓言不可能實現，對於誓願所抱持的懺悔之意也很重要，必須反省無法信守承諾的自己。

如果無法遵守這個對佛陀立下的誓言，或許有一天也會下地獄。**然而落入地獄時，繼續與身處地獄的眾生一起走在佛道上，這才是菩薩精神**。

我也想效法法藏菩薩，發願立誓：

「如果有人在地獄中受盡折磨，哪怕只有一個人，我也要往地獄去。所有人都能往生極樂世界前，我不以極樂世界為目標。」

修行之32

——無自力，亦無他力

南無阿彌陀佛

坐禪和念佛都是修行。只管打坐，只管誦念，每一天、每一個瞬間都以自己原原本本的樣子活下去，能做到這一點時，我們便會注意到巨大的「生命力量」。

佛教大致可分為斯里蘭卡、泰國、緬甸的上座部佛教，以漢字文化圈為中心流傳開來的大乘佛教，以及西藏佛教三大支。日本佛教屬於大乘佛教，其特徵之一便是許多宗派各自獨立，勢均力敵。

進入二十世紀後，基督教開始推行所謂的「普世教會合一運動」，提倡基督教各宗派合而為一。至於佛教，別說是各國的教團了，就連日本境內各宗派都少有往來，更別提發起什麼合一運動了。也因此，雖然通稱為「日本佛教」，但其中有各種的佛、各式各樣的教義。信仰的形式與實踐方式也各異其趣。

奈良時代南都六宗已傳至日本，各宗派分別以佛教三藏「經、律、論」中的不同經典為依歸。

平安時代空海開創真言宗，傳承祕教，最澄則傳承天台宗的教學。

接著來到鎌倉時代，法然、親鸞、道元和日蓮成為廣受民眾歡迎的新佛教之先驅。

其中有學習世尊的方式、透過坐禪而成佛的禪宗，也有信仰阿彌陀佛本願，提倡念佛的淨土教。禪宗之類的佛教強調靠自己的力量得悟，淨土教之類的佛教則強調借助外力獲得救度，兩者看起來像是處於光譜兩端，互不妥協。

然而，**不管是禪或是念佛，差異其實並沒有那麼大**。

淨土教發源於印度，不過只有在日本才獨立為一個宗派。在中國、韓國、台灣、越南等大乘佛教興盛的國家，現在幾乎只剩下禪宗了，然而念佛在這些國家中仍相當盛行。

沒錯，日本以外的亞洲禪僧不僅坐禪，也誦念「**南無阿彌陀佛**」。日本的禪僧在書信最後會寫上「合掌」或「九拜」，中國則以「南無阿彌陀佛」作為信末的問候語。

此外，禪師也會給弟子這樣的公案：

「誦念『南無阿彌陀佛』者何人？」

禪與念佛的差異並不大

這則公案看似簡單，其實相當深奧。

依照一般的想法，念佛的人是「我」。只要我誦念佛的名號，阿彌陀佛就會拯救我。

然而，這樣的思考方式並非真正的念佛。真正的念佛不是和阿彌陀佛交易，而是自然而然脫口而出，是阿彌陀佛允許我們誦念其名號的念佛。

親鸞聖人也在其著書《正像末和讚》中如此寫道：

「彌陀佛之誓願，本來非行者之計度，是依『凡稱念南無阿彌陀佛者，必來迎接之誓願』也」（〈自然法爾章〉）

（誦念「南無阿彌陀佛」的並非修行者的計量推度，而是阿彌陀佛的誓願使其如此。）

這麼說來，剛才那則公案的答案難道是「阿彌陀佛」嗎？不是的，如果這樣回答，一定會被反問：「誰是阿彌陀佛？」

於是我想起了和親鸞聖人的思想極為接近的道元禪師以下這段話：

「但將吾身吾心放忘，拋向佛家，由佛行之，從其而行時，不著力，不費心，離生死而成佛。」（《正法眼藏》〈生死〉）

（不過，只要放下並忘卻自己的身與心，投入佛家的懷抱，在佛的身邊一切都會自行運作。只要跟隨佛的行動，不用使力，無須費心，便可超越生死而成佛。）

坐禪也好，念佛也罷，又或是日常生活中任何行動都一樣，只要心無雜念專注其上，自力、他力都不存在，存在的只有超越你也超越我的生命力量。

修行之33——配合呼吸，緩步前進

一息半步

我開動了！謝謝款待！像這樣每天自然而然雙手合掌道出話語，其實就是表現出「佛之心」。留意自己的呼吸，一步一步慢慢走。這看起來微不足道的行動，也可以成為「佛之步行」。

澤木興道老師曾說過一句有趣的話：「夫妻只要雙手合掌，就很難吵架。」

合掌這動作本身有著無法用道理解釋的不可思議力量。只是把雙手合在一起，從中便顯現出佛之心。

從以前就很熟悉合掌這個動作的不只日本人，泰國人和印度人也會合掌表示感謝。甚至就連基督教徒也會做出類似合掌的動作，交握雙手，對著上帝祈禱或表達感謝。

在禪的觀念裡，不僅是合掌，生活中的一舉手一投足都是修行。就像合掌能讓夫妻停止吵架般，光憑舉手投足的一個動作，人生可能就會因此改變。

這是八百年前的故事了。有一個人遇到問題，去向道元禪師請益。

「禪的修行我真的做不到。我沒有任何鑽研佛道的力量。說起來，我的頭腦根本沒有好到可以理解佛教的教誨。」

對此，道元禪師這麼回應道：

「完全沒這回事。你、我還有世界上所有的人都是用來承裝佛教的容器。諸惡莫作，眾善奉行，這點道理就算是你也懂吧。再說，你現在不是好手好腳、四肢健全嗎？不管要合掌或走路都不成問題。」

道元禪師想傳達的訊息很明確。行走於佛道和頭腦好壞無關，也不是靠體力來分高下。只要從合掌或步行等日常生活的行動中表現出佛之心就可以了。

在禪寺裡，用餐的禮儀尤其重要，每一個動作該如何進行都嚴格規定，光是要記住就相當不容易。此外，還得留意周遭的狀況，配合大家的步調。

用餐時從頭到尾都不出聲交談，擺上應量器前先合掌，誦念長長的經文，其中包含禪宗佈教時經常使用、大多數人都知道的「五觀之偈」。五觀之偈的第一句是這樣說的：

「計功多少，量彼來處。」

意思是說，眼前這頓飯是靠天地的力量和眾人的辛勞才能完成，得來不易，對此應深切反省，並懷抱感謝之情。

就算是對佛教沒有特別深刻信仰的日本人，用餐前也會合掌說「我開動了*」，用完餐則說「謝謝款待」，一樣也會合掌。雖只是微不足道的動作，卻是相當了不起的禪修行。

不需要特別去閱讀深奧難懂的經典，早餐不像禪寺吃得那樣簡單也沒關係。**問題不在於用餐的形式，而是用餐時的心態。只要帶著反省和感謝的心，佛之心自然會以合掌的形式表現出來。**

經行是佛的「步行」

*日文原文的意思是「領受、收下」，用於吃飯的情境時，表達的是「領受動植物的生命」之意，中文多譯為「開動」。

接下來談談坐禪。在禪寺裡，修行的中心自然是坐禪。坐禪時最重要的莫過於打坐的姿勢。姿勢正確，坐禪的心自然會慢慢進入最佳狀態。

在安泰寺，一天坐禪的時間少則四小時，多則十五小時。如果一直坐著不動，腳很快就會痠麻。為了防止這種情況發生，坐禪時會在固定的時間於禪堂內步行。其實這時的步行也有一定的規矩，劃分得很細。

坐禪時固定起身步行，正式名稱為「經行」。此處的「經」字並非經典之意，而是指「縱線」。「經行」就是像織布機上的縱線一樣筆直前進，再筆直回到原點的意思。

經行的目的不是只有防止腿部痠麻。**若說坐禪是佛的「打坐」，經行就是佛的「步行」。雖然有坐與走的差異，但兩者都是專注於「當下」的動作，就這層意義來看，坐禪與經行都是禪修行。**

經行的基本原則是「一**息半步**」：一呼一吸之間，單邊的腳往前進。具體來說就是吐氣時把腳往前帶。緩慢而深長地吐氣的同時，一邊像是慢動作般緩緩地讓單邊的腳往前進一步。大約在氣吐到最後時腳著地，接著深深吸氣，移動身體重心。快吸飽氣的時候，重心應該已經從後腳移至前腳。接著重複上述做法，邊吐氣邊往前再進一步。

不管人類有沒有特別留意，總之我們一天二十四小時都在呼吸。**坐禪和經行時也會意識到，與其說是「我們主動呼吸」，不如說是某個力量「讓我們呼吸」。受惠於天地的力量而得以呼吸的我們，配合著一吐一吸的節奏，一步又一步向前邁進，而這就是實踐佛的「步行」**。

今天一天也要雙手合掌，面對每一次相遇，以「一息半步」的方式行走於佛道上。

修行之34——放下所有多餘的事物

眼橫鼻直
空手還鄉

從我們的身上可以看到「自己原本的模樣」嗎？纏縛在身上的東西之多，數也數不清。唯有丟掉多餘的東西，身無長物，才能看到「此時、此處、原原本本的自己」。

將臨濟宗引進日本的榮西禪師除了禪之外，也從中國帶回了茶葉。江戶時代來到日本、開創黃檗宗的隱元禪師（一五九二～一六七三年）行李中也帶了菜豆。

在現代，搭飛機只要兩三個小時就能抵達中國，但在當時想要渡海前往中國，不僅所費不貲、曠日費時，還得做好可能命喪大海的心理準備。

大部分佛教留學僧除了必帶的經典和佛像之外，還從中國帶回各種物品與知識，像是蔬菜種子、中藥，乃至於造橋鋪路的方法等等。搞不好以前有人還會認為，將當時最先進的文化財產帶回日本才是這幾趟旅行最初的目的。

話題先跳到歐美的部分。哲學家奧根・赫立格爾（Eugen Herrigel）的著作《弓與禪》在戰後德國一舉成為暢銷書，鈴木大拙所寫的《禪與日本文化》（*Zen and Japanese Culture*）在美國也備受矚目。歐美之所以掀起一股禪的熱潮，很大一部分確實要歸功於這類書籍的傳播，只不過以結果來說，一提到禪就會想到「武士文化」，如此印象深植人心。

或許這是因為歐美人往往透過禪與茶道、武士道等日本固有的「道」之間的連結來理解禪道，而不是直接理解世尊的教誨與禪的實踐。六〇年代起有佈教師試圖將禪從日本帶到歐美，他們可能也認為光是坐禪很難佈教吧，於是有人演奏尺八，有人表演書道，有的人則教授花道。

古今中外，人類似乎都偏好具體可行、肉眼看得到的形式，於是世尊的教誨就在不知不覺間漸漸淪為「Japanese culture」了。

七〇年代開始，為了學習禪來到日本的歐美人也增加了。其中有人學成歸國時，身披閃亮亮的袈裟，手持師父讓予的竹篦、拂子或如意。

拂子是印度人發明用來驅趕蚊蟲、類似蒼蠅拍的工具；如意據說源自中國貴族使用的不求人抓背棒，現在也有歐美人把它視為魔杖般珍藏。與其帶這些東西，我倒希望他們至少把日本人製作味噌或豆腐的技術傳回歐美。

此時、此處、原原本本的自己

言歸正傳，一二二七年道元禪師從中國回來時，帶了什麼東西回日本呢？在京都引頸企盼、苦苦等待的修行夥伴們，一定也很期待禪師帶回來的土產吧。

沒想到被問及帶了什麼回來時，道元禪師這麼回答：

「只是等閒見天童先師，當下認得眼橫鼻直，不被人瞞，便空手還鄉，所以無一毫佛法與人。」（《永平廣錄》）

（與天童如淨師父見面，從而確認自己的眼睛是橫的，鼻子是直的。今後不會再受欺瞞了吧。於是我空手回國，就連分毫的「佛法」都沒有帶回來。）

這就是道元禪師有名的「**眼橫鼻直，空手還鄉**」宣言。禪師的同伴聽到這番話，想必大吃一驚，心想：「不會吧，什麼土產都沒帶回來？！」不過對禪師來說，那些土產全部都不需要。

「一毫」本來指的是一根細毛。道元禪師手中別說是佛具了，連「佛法」都沒有。

眞正的佛法不是雙手可以帶著走的，也不是任何表現在外的形式。「佛法」不是別的，正是此時、此處、原原本本的自己。

放下一切長物、空手而歸的道元禪師所表現的正是這個道理，只可惜不論現在或過去，很少人注意到這一點。

愛生活 051

吃飯睡覺、工作閱讀，都是修禪

讀むだけ禅修行

國家圖書館出版品預行編目 (CIP) 資料

吃飯睡覺、工作閱讀，都是修禪 / 奈爾克 . 無方 (MUHO Nolke) 著；蔡易伶譯 . -- 初版 . -- 臺北市：健行文化出版：九歌發行 , 2020.05
面；　公分 . -- (愛生活；51)
譯自：読むだけ禅修行
ISBN 978-986-98541-8-4(平裝)

1. 修身 2. 生活指導
192.1　　109004509

著　　者——奈爾克・無方
譯　　者——蔡易伶
責任編輯——莊琬華
發 行 人——蔡澤蘋
出　　版——健行文化出版事業有限公司
台北市 105 八德路 3 段 12 巷 57 弄 40 號
電話／ 02-25776564・傳真／ 02-25789205
郵政劃撥／ 0112263-4
九歌文學網　www.chiuko.com.tw
印　　刷——晨捷印製股分有限公司
法律顧問——龍躍天律師 ・ 蕭雄淋律師 ・ 董安丹律師
發　　行——九歌出版社有限公司
台北市 105 八德路 3 段 12 巷 57 弄 40 號
電話／ 02-25776564・傳真／ 02-25789205
初　　版——2020 年 5 月
定　　價——320 元
書　　號——0207051
I S B N——978-986-98541-8-4